怪異と遊ぶ

怪異怪談研究会［監修］
一柳廣孝／大道晴香［編著］

青弓社

怪異と遊ぶ　目次

第4章

第2部　怪異を表現する

第5章　分かたれた「己」で、遊ぶ——森鷗外「不思議な鏡」が映し出す分身譚の愉しみ

構　大樹　110

第3部　怪異を操る

第8章　一九八〇年代の「こっくりさん」——降霊の恐怖を払拭する「キューピッドさん」の戦略　大道晴香　194

特別座談会　怪異を創る楽しみ　川奈まり子／一柳廣孝／大道晴香 261

装画——蒼木こうり
装丁——Malpu Design［清水良洋］

はじめに

大道晴香

「怖いもの見たさ」。この言葉は、怪異に認められる特徴の一面を、非常によく捉えた言葉であるように思われる。神のような「聖なるもの」に認められる、人間の合理的な理解の範疇を超えた非合理的な側面のことを、神学者のルドルフ・オットーは「ヌミノーゼ」と名づけている。オットーによれば、この「ヌミノーゼ」と対峙したとき、人間には畏怖と魅惑という相反する二つの感情が沸き起こるのだという。すなわち、人間は、自身の理解を超えた異質な存在に恐怖心を抱きながらも、なぜか同時に心引かれてしまう生き物なのであり、これはまさしく「怖いもの見たさ」の情動を示しているといえるだろう。こうした聖なるものと同様の性質が、怪異にも認められる。

日常の理を逸脱した存在ないし現象であるところの怪異は、恐怖の対象として忌避されるものであると同時に、その恐怖の要素ゆえに人々の好奇心を捉えてやまない、魅惑的な存在でもある。怪異の独壇場であるホラー映画を考えてみるとわかりやすいだろう。ホラー映画が苦手な人にとって、そこに生じる怖さは嫌悪の対象でしかない。他方、愛好者からしてみれば、それこそがホラー映画の醍醐味なのであって、怖くないホラー映画は「楽しくない」。そう、「怖い」は「楽しい」の源泉でもあるのだ。だからこそ、我々は怪異を恐れながらも、それらを自らの手でわざわざ日常生活の内へと呼び込み、戯れる。一見アンビバレントにみえる、そんな怪異と人間との関わりに光を当てる視座が「遊び」である。

私たちは怪異と遊ぶのが大好きだ。怖い怖いと言いながら、私たちは霊との遭遇を求めて、降霊儀礼である「こっくりさん」や「ひとりかくれんぼ」をおこない、喜々として心霊スポットへと足を踏み入れる。この手の行為には「霊に取り憑かれる」というトラブルが付いて回るように、怪異と人間とのあいだに成立する「遊び」は、非常にあやういバランスのうえに成り立っている。「楽しい」としての恐怖は、たちどころに「忌むべき対象」に転じる可能性があるのだ。だが、そうした危険性をも含めて楽しまれている点に鑑みれば、やはりこれらの行為は「遊び」という視座の射程に入ってくるだろう。子どもたちが「トイレの花子さん」を遊びに誘うように、逆に、学校のお化けたちが彼らに「遊ぼう」と話しかけ、子ども同士の遊びのなかに紛れ込んでくるように、往々にして遊びは「あちらの世界」と「こちらの世界」とをつなぐ回路の役割を果たしてきた。

と同時に、私たちはまた、自ら能動的に怪異を作り出すことでも怪異と戯れてきた。怪談はその最たる例だろう。人はなぜこれほどまでに怪しきハナシを欲してしまうのか。怪談を知りたいと願う欲求と、これを語る欲望とは、いつの世においても絶えることがない。前近代にさかのぼる怪談会の伝統は、いまやその場をインターネット空間へと拡大し、活字と音と視覚情報とを横断しながら、新たなメディアやプラットフォームのなかで生命を獲得している。「怪談師」の活躍をはじめ、朝里樹『日本現代怪異事典』（笠間書院、二〇一八年）にみる異例の重版や、映画『犬鳴村』（監督：清水崇、東映、二〇二〇年）のヒットなど、令和の世になっても私たちは怪異の産出を求め、これを楽しんでいる。

こうしたエンターテインメントとしての怪異は、基本的に、作り手（発信者）と受け手の二者があって成立するものといえる。怪談の語り手は、聞き手がどのような属性かを考慮し、その反応を見ながらつど、語りを紡いでいく。メディアを介してコンテンツを提供する場合も同様だ。どのように相手を楽しませるか、「怖い」の面白さを共有できるコンテンツを創出するか。売れ行きを意識する商業の文脈であればなおのこと、受け手である消費者のニーズには、敏感にならざるをえない。エンターテインメントとしての怪異は、作り手と受け手との協働のうえに立ち現れる。したがって、「怖い」を楽しむための技法や文法の共有を含め、「遊び」のまなざしは、怪異が媒介する人と人とのコミュニケーションの局面にメスを入れると解されよう。加えて、実話の体であれフィクションを前提とするのであれ、人為的な怪異の表象である以上、そこには人々が有する死生観や「異」に対する価値観が沈殿し、社会のありようが刻まれている。よって、他者なる怪異には、人間自身や社会の自己像としての局面も看取されるといえよう。

このような粗描であっても、怪異と「遊び」がいかに密接な関係にあるのかは、十分伝わったにちがいない。それどころか、「遊び」を抜きに怪異を論じるのは難しいようにさえ思えてくる。本書は、そんな怪異を捉えるにあたっての「遊び」の有効性に着目した、怪異に対する学術的なアプローチの成果である。文学をはじめ、民俗学、社会学、宗教学といった超領域の研究者が集う怪異怪談研究会のメンバー十人による執筆で、各々の専門性に基づき、〝それぞれが〟「遊び」という視座を意識したうえで、怪異を論じている。

本書は基本的に、「遊び」が何たるかについて、確固たる定義づけをおこなっていない。ゆえに、執筆に際して、論者には、「各自の戦略性に即して」怪異と「遊び」をいかに位置づけるのかを明示するようお願いした。「遊び」の定義に係る困難さは、これまでの研究の蓄積が物語っているとおりだ。むしろ、本書の戦略性は、その統制の困難な視点の拡散性を、「怪異と遊ぶ」というテーマの有用性ないし豊潤さと読み替えるところにある。論者ごとに異なる怪異に向けられた「遊び」のまなざしは、怪異の多様な表情を読者のみなさまに提示してくれることだろう。

「遊び」がもつ効力の一端は、すでに目次に表れている。一瞥すればわかるように、近世の落語から今日のインターネット文化に至るまで、各論文が扱う対象は多岐にわたっており、結果として本書は幅広い時代と現象とを射程に収めることに成功している。そんなバラエティーに富む論文たちを、今回は、人と怪異との関わり方に基づき、大きく「語る」「表現する」「操る」の三つのセクションに分類したうえで、時代が昇順になるように収録した。

我々はこれまで、いかに怪異との遊びを成立させてきたのか。さあ、ともに、怖くて楽しい怪異との戯れへ。

第1部　怪異を語る

第1章　幽霊に萌える、怪異で遊ぶ

伊藤龍平

はじめに——怪異と戯れる

「怪異と遊び」というお題をいただいた。昨今、「怪異」という語を冠した企画が花盛りだが、「遊び」という語と結び付けた例はなかったように思う。一見、とっぴな組み合わせのようでいて、その実、両者の取り合わせは悪くない[1]。

大きく分けて「怪異」との戯れ方には二態ある。一つは、怪異を怖がりながら楽しむあり方で、「怪談」がそれに当たる。もう一つは、怪異をパロディー化して楽しむあり方で、この場合は「笑い話」になる。

もっとも、両者の境目は曖昧で、怪談かと思って聞いていたら笑い話になることもあるし、その逆もある。怖さと笑いが同居している場合もあり、稲川淳二はたしか「面白怖い」と表現していた。お笑い芸人が怪談師を兼ねることが多いのは、必然といえる。

パロディーをパロディーとして成り立たせるのは「型」の存在である。「パロディー」を日本語訳すると「ちゃかし」「もどき」「にせ」あたりになると思うが、茶化す／擬く／似せるためには、対象になるものに「型」があったほうが効果的である。

小林信彦は、西部劇もののコメディー映画に外れはないとしている。[2]小林はその理由を述べていないが、西部劇には定まった「型」があるからだろう。「型」を外せば容易にパロディーは作れる。日本でいえば、ひところの時代劇には明瞭な「型」があり（『水戸黄門』『大岡越前』など）、そのために、パロディーも作りやすかった。

古典的な恐怖映画にも「型」はあるので、パロディーは作りやすい。ドラキュラ映画から『吸血鬼』（監督：ロマン・ポランスキー、一九六七年）、フランケンシュタイン映画から『ヤング・フランケンシュタイン』（監督：メル・ブルックス、一九七四年）、狼男映画から『狼男アメリカン』（監督：ジョン・ランディス、一九八一年）などが生まれた。昨今流行のゾンビ映画にも明確な「型」があるので、あまたのパロディー映画が生まれ、もはや何が本道かわからなくなっている。

日本の例を挙げるならば、江戸怪談の定番である「皿屋敷」には明確な「型」があり、格好のパロディーネタになっている。その一つが、今回取り上げる落語『お菊の皿』（一名『皿屋敷』）だ。これから、『お菊の皿』を例に、「怪談」「笑い話」「型」の三題噺をしたうえで、「怪異」と「遊び」について考えてみたい。

なお、まぎらわしいので、本章では、落語のほうは『お菊の皿』、怪談のほうは「皿屋敷」と呼ぶことにする。

1 落語『お菊の皿』

「皿屋敷」といえば日本四大怪談の一つに数えられるポピュラーな話、説明など無用……と思っていたが、周囲の人に聞いてみると、最近は知らない人も多いようだ。お菊さんとお岩さんを混同している人もいた。実話怪談がブームになる一方で、伝統的な怪談は忘れられていっているらしい。念のためにあらすじを書くと、こんな話だ。

青山という武家で奉公をしていた娘・お菊が、誤って、十枚一組の家宝の皿を一枚割ってしまう。お菊はその咎(とが)を責められ、主・青山主膳から激しい折檻を受け、井戸に身を投げる（もしくは、殺されたあと、井戸に捨てられる）。お菊の霊の祟りによって青山家は滅ぶ。屋敷も廃墟となり、近隣の人から「皿屋敷」と呼ばれ、恐れられる。以来、夜な夜な、お菊の霊が井戸に出て「いちま〜い、にま〜い……」と皿を数えるが、九枚まで数えたところで声がやみ、悲しげに泣きだす。やがて、この土地を訪れた高徳の僧・了誉が、お菊の霊が「きゅうま〜い」と言ったあとに、すかさず「十！」と付けて成仏させる。

「皿屋敷」に関する論文は多いが、本来、虐待されて死んだ下女の幽霊が主家を滅ぼすパートと、女幽霊が皿を数えるパートは別の話だったという説がある。現行の「皿屋敷」のもとになった『皿屋舗弁疑録』（馬場文耕、一七五八年）の生成過程について、小二田誠二は「下女虐待＝主家報復譚としてのお菊伝承と、皿数えの幽霊の登場する皿数え伝承は、播州で合成されたのであろう」[3]と述べている。

さて、「皿屋敷」はきわめて近世（江戸時代）的な怪談である。この時代は、話の重要なアイテムである陶磁器の皿[4]や竪掘り井戸が普及し始めた時期であり、女中奉公という制度が整った時期である。[5]そして何よりも、怪談を娯楽として楽しもうという心根が近世的である。柳田國男は、中世（鎌倉・室町時代）ならば観音霊験譚になるべき内容の「皿屋敷」が現行のような筋立てになったのは、「ぞくぞくと身震いしなければならぬように怖いところで、話を切り上げてしまうという趣味」が広まったからだとしている。[6]まさに江戸の怪談文化が花開いたもとに、生まれるべくして生まれた話なのである。

「皿屋敷」の生成過程については、歌舞伎『播州錦皿九枚館』が上演された一七二〇年を重視する説、浄瑠璃『播州皿屋敷』が上演された四一年を重視する説、講談本『皿屋舗弁疑録』が成立した五八年を重視する説がある。[7]いずれにせよ、十八世紀中葉に成立したというのが妥当な線らしい。

怪談として完成するということは、「型」にはまるのを意味する。越智治雄は「こうした完成には停滞がつきまとわざるをえない。お菊の責めは完全に様式化し、洗練された美意識は細部にまで及んでいるが、それは劇世界を閉ざしてしま[8]」うものだと述べている。ここにパロディーが成立する余地が生まれた。

次に、落語『お菊の皿』を要約する。[9]

伊勢参りに行った若者たち。旅先で「播州から来た」と言うと、「播州といえば皿屋敷ですな」と言われるものの、誰も知らない。帰郷して名主に聞くと、「そりゃ車屋敷のことだ」と教えられる。そこで若者たちは、ことの顚末を聞かされる。

血気盛んな彼らは、くだんの井戸まで肝試しに行こうという話になった。それで、夜中に井戸に行くと、さっそく、お菊の幽霊が出てきて「いちま〜い、にま〜い……」と皿を数えだす。そのさまは、凄味のなかにも色気がある。最後まで聞くと死ぬというので、お菊が六枚目まで数えたあたりで、みなは逃げだす。

怖いことは怖いが、お菊はなかなかの美人。翌日も行こうということになり、また、お菊が六枚目まで数えたあたりで逃げだす。そんなことを繰り返しているうち、次第に見物人が増えていき、ついには露店まで出る始末。お菊のほうもサービス精神を発揮して愛想をふりまくようになるが、毎日となると皿を数えるのに疲れてくる。

ある日、例によって皿数えを聞いている若者たちが、六枚目あたりで逃げようとするものの、人混みでその場を離れられない。とうとう九枚目にいたり、「もうダメだ!」と思ったところ、「じゅうま〜い、じゅういちま〜い……」と、いつまでも終わらない。

客「おいおい、どういうことだい？」
お菊「明日はお休みなのよ。二日ぶん数えるの」

後半のあれよあれよという展開がユーモラスで、アイドル扱いされて調子に乗るお菊が愛らしい。現行の落語では、お菊が休む理由を「風邪を引いちゃって……」と話しているものもあって、よりナンセンスな味になっている。

文献上の『お菊の皿』について、延広真治は、一八〇七年刊の落語のネタ帳『滑稽集』に「さらやしき明日休」とあるのを指摘し、これが最古の記録だとしている。[10]

また、『しんばん落ばなし』（江戸時代後期）の「皿やしきおきくがゆうれい」という話では、九枚目まで皿を数えたお菊が、また「いちま〜い、にま〜い」と最初に戻って数え直し始め、客に「どういうこと？」と聞かれたあと、さっきのオチになる。[11]

いろいろとバリエーションがあるようで、わたしが子どものころ（一九八〇年ごろ）に友達から聞いた話では、九枚まで数え終えたお菊が、最後に「もうおしまい！」と言って切り上げていた。これが『お菊の皿』の落ちでもしばしば使われるしゃれだと知ったのは、ずっと後年のこと。

2　恐怖と笑いの近日点

『お菊の皿』とは別だが、『落噺仕立おろし』（一八三七年）には次のような小話がある。お菊の霊を成仏させようとする僧が「なんまいだ（南無阿弥陀仏）」とお経を唱える場面。(12)

僧侶「なんまいだく……」

お菊「どう勘定いたしましても、九まいでござります」

みごとなコメディエンヌぶり。「皿屋敷」がパロディー化されるのは、先に述べたように、「型」ができあがっているからだ。そこから『お菊の皿』のような作品が生まれた。

お菊の皿数えが評判を呼んで、縁日のようなにぎわいになる場面は、あながちフィクションというわけでもない。というのも、お菊の皿を寺宝としている寺院が、縁日の開帳のときに、それを披露することがあったからだ。例えば、麴町の常仙寺は「お菊の皿」を開帳の際に披露していた。その様子は『提醒紀談』（山崎美成、一八一八年）に記述され、常仙寺が配布した『菊女皿の来由』（年次不詳）に、皿のイラスト入りで紹介している。(13)また、姫路の十二所（じゅうにしょ）神社（お菊神社）には、お菊の土産物「お菊虫」が売られていた。(14)姫路城内には「お菊の井戸」が現存し、立派な観光資源になっている。

客寄せに引っ張り出されるお菊には、もはや恐怖感はない。しかし『お菊の皿』の愛されキャラのお菊の言動の根底には、まぎれもなく怪談の語りがある。

日本笑い学会の長島平洋は『お菊の皿』の魅力を「怪談の物語として出発しながら、その途中で本来の目的をはずれ、大きな歪曲をして、落語の物語としてしまう[15]」ところにあるとしている。また、落語芸術協会のウェブサイトでも「この噺の見どころは、主人公のお菊さんを最初はおどろおどろしく、次からは愛嬌があるように演じ分け、それでいて別人に見せないように演じるところ[16]」だとしている。

確かに、聞き終えると笑い話になるものの、『お菊の皿』前半の肝試しの場面は非常に怖い。だからこそ後半の展開が生きてくる。この落差が話の肝になっていて、噺家の技量が問われるところである。『お菊の皿』の噺家には、怪談の話し手と笑い話の話し手の二つの顔が必要とされる。もっとも、怪談も笑い話も、人間の根源的な感情に訴えるという意味では同じである。言葉のプロである噺家にとって、両者の融合はお手のものだろう。また、落語には『へっつい幽霊』や『野ざらし』のように、幽霊が出てくる笑い話も多い。

しかしそれとは別に、そもそも元ネタの「皿屋敷」自体、構造的に「笑い」の要素があるという指摘もできる。次に、アンリ・ベルクソンの古典的著作『笑い』をひもときながら、なぜ、お菊はコメディエンヌになりえたのかを考えてみよう[17]。

ベルクソンは「人体の姿勢、身ぶり、そして動きは、その人体が単なる機械を思わせる程度に正確に比例して笑いを誘う」とし、その具体例として、演壇に立つ講演者のしぐさを挙げている。スピーチが盛り上がったところで、講演者がこぶしを振り上げる。それは特に面白くもないしぐさだ。しかし、そこに法則性があることに気づいたとき（例えば、彼が「しかし！」と言うたびに、こぶしを振り上げるとか）、聴衆はおかしみを感じる。『笑い』のなかで、ベルクソンは、「いまや目の前にあるのは、自動的に作動する機械仕掛けなのである。それはもう生の姿ではなく、生のなかに居座り、生の真似をしている機械の自動作用なのだ」「生きているものの上に貼りついた機械的なもの」「人が物であるような印象を与えるすべての場合に、わたしたちは笑う[18]」と繰り返し述べている。

定時になると井戸から現れ、飽きることなく皿を数え、九枚にいたったところで泣きだす……という言動を繰り返す「皿屋敷」のお菊には、まさにベルクソンがいうところの法則性がある。「自動的に作動する機械仕掛け」そのものなのだ。

そうなると、パロディー化しなくても（「型」から外さなくても）、「皿屋敷」の構造そのものに笑いの要素があったことになる。お約束どおり、型どおりのストーリーのドラマは失笑を買うが、怪談も同じだ（脚本や演出によっては、王道という評価を得られるだろうが）。つまりは、落語化される前から「皿屋敷」のお菊にはコメディエンヌの要素があったのだ。

ここでいう「型」は、ストーリーの型（いわゆる「話型」）であるばかりでなく、お菊の容姿や行動の型も含まれているし、当然、両者は混然一体となっている。

ベルクソンが、「生の真似をしている機械の自動作用」「生きているものの上に貼りついた機械的なもの」「生きている身体がこわばって機械になったこと」と、笑いが、人間から生きている痕跡を消すことによって生じると繰り返し述べているのは示唆的である。カラクリ人形を想起させる言葉だが、一面では、それは幽霊の意味にほかならないからだ。

典型的な幽霊のいでたちと動作の「型」――死に装束に天冠（頭につける白い三角の布）、両手をだらりと垂らすしぐさ――はカラクリ人形そのもので、今日ではもはや笑いの対象でしかない。こうした幽霊のカラクリ人形化＝機械化は、すべての怪談にみられる。狭い意味で捉えるなら、夜ごとに男の寝床（ねや）に現れる「牡丹灯籠」のお露の行動などはまさに「機械的な」繰り返しといえるが、敷衍すると、執拗に男を追い詰めていく「四谷怪談」のお岩や、何代にもわたって祟り続ける「累が淵」の累など、死後も妄執にとらわれて行動する幽霊に生の痕跡はなく、「自動的に作動する機械仕掛け」になっている。潜在的に、幽霊には「笑い」の要素があるのだ。遊園地の娯楽施設「お化け屋敷」では、カラクリ人形の幽霊たちが現れて人々を震え上がらせるが、それはときには人を失笑させる。(19)

3　「皿屋敷」は萌えているか

もっとも、お菊をコメディエンヌとするのには異論もあるかもしれない。「笑われる」のと「笑わせる」のは違うのだ、と。確かに、時の流れとともにお菊は笑いものになっただけ、ともいえる。

しかし、それは演者の意識のなかの問題であり、観客にとっては同じことだ。芸人・上島竜兵（ダチョウ倶楽部）の「笑われようと、笑わせようと、そこに笑いさえあれば、変わりはない[20]」という言葉が思い出される。

ベルクソンは、「反復」も「笑い」の要素の一つに挙げている。これは『お菊の皿』の笑いそのものだが、同時に、怪談「皿屋敷」の恐怖の表現にも当てはまる。繰り返しの怪異といえば、昔話「こんな顔」（ラフカディオ・ハーンの「むじな」といったほうが通りがいいかもしれない）が思い浮かぶが、「皿数え」という同一のモチーフから、恐怖と笑いの双方が生み出されうるという点は留意しておきたい。『お菊の皿』は怪談から出発して笑い話へと転じる展開だが、反対に、笑い話のつもりで聞いていると、やがて笑いが凍り付き、怪談として終わるという展開の話もありうる。管見の限り、日本の民間伝承の例は見当たらないが、創作作品なら、筒井康隆の小説「走る取的（とりてき）」が思い浮かぶ。

そして「反復」は「遊び」を形作る要素でもあった。「遊び」の研究といえば、ヨハン・ホイジンガの『ホモ・ルーデンス』、ロジェ・カイヨワの『遊びと人間』が古典的著作としてある[21]。両者の「遊び」の定義を、岸本晴雄は次のように要約している。

ホイジンガによる「遊び」の定義は「①自由な、②仮構の、③時間的空間的に限定され、④利害を超越した、⑤規則のある、⑥秩序試行的な行動」とされる。一方、カイヨワによる「遊び」の定義は「①自由な、②隔離された、③未確定な、④非生産的な、⑤規則のある、⑥虚構の活動」とされる。いずれも「皿屋敷」にみられる要素であり、そのために『お菊の皿』の若者たちの肝試しが成立した。

これに加えて岸本は、「人間活動の関係構造」から「笑い」を三分類していて、そのうちの「対外的遊び」が肝試しに当たる。また、岸本は「身体的機能」から「笑い」を四分類していて、そのうちの「心遊び」が肝試しに当たる。[22]「遊び」を定義づけるのは複雑極まりないが、いずれの場合でもルールの存在は重要な要素である。[23]皿数えには、明確なルールがある。最後まで聞くと死ぬというのなら、その前に逃げればいい。だから、若者たちはお菊の美貌を堪能できた。お菊のほうもそれを承知のうえで、自身の姿を若者たちの前にさらした。若者たちとお菊は、定められたルールのもとで「遊び」に興じていたのである。幼児と母親のあいだでなされる「いない・いない・ばあ」に「遊びの祖型」を見いだした西村清和は「遊ぶものと遊ばれるものとのあいだの役割交代」を指摘する。[24]『お菊の皿』にはこのルールを笑いに転じた箇所がある。肝試しに向かう前、若者の一人が「（お菊が）ごま〜い、ろくま〜いって（ゆっくり）数えたあと、（急に早口になって）ななまい！　はちまい！って数えだしたらどうすんだよぉ」と、怖がる場面がそれだ。お菊が一定のスピードで皿を数えるというルールがあるから、この「遊び」は成り立つ。

すべての幽霊に「笑い」「遊び」の要素がある。しかし実際には、すべての幽霊が笑われ、遊ばれるわけではない。日本四大怪談のほかの三つ、「四谷怪談」のお岩、「牡丹灯籠」のお露、「累が淵」の累らには、笑われ／遊ばれる例は少ない。前近代の例に限るならば、著名な幽霊たちのなかで、コメディエンヌぶりを発揮するのは「皿屋敷」のお菊だけといって過言ではない。

そこには、お菊というキャラクターの個性が関係しているだろう。横山泰子は「敵を破滅させるとはいえ、本人がすんなり成仏するところも、執念深さに欠ける。怪談の主人公として考える時、美人で優等生的なお菊には幽霊としての怖さが足りないのではないだろうか[25]」と述べているが、そのとおりだと思う。

ひと言でいえば、ほかの幽霊たちに比べて、お菊はおとなしい。お岩さんに会ったら問答無用で殺されそうな気がするが、お菊さんなら話し合えば何とかなるような気がする、そんなパブリックイメージをもっていることが、お菊をいじられキャラにした。例えば『画本西遊記』(玉園、幕末―明治初)には、あまたの妖怪変化たちとともに、スイカを手にしたお菊が描かれているが(皿も井戸も描かれていないが、脇に「ヲキク」と書かれている)、こうしたのん気さが、彼女の個性なのだろう。

「いじられる」と「いじめられる」は紙一重。いじめ殺された「皿屋敷」のお菊と『お菊の皿』のお菊のキャラは共通する。パロディー化されてもキャラは変わらないのだ。

ここで一歩話を進めて「萌え」の問題に言及してみよう。幽霊に対する人間の感情を整理すると、次の四段階になるのではないだろうか。以下、「皿屋敷」／「お菊の皿」の例から。

①「怖がられる幽霊」⟶「何でも番町の皿屋敷にゃ、夜な夜な幽霊が出るそうじゃねぇか。一枚二枚……と皿ぁ数えてて、しまいまで聞いたら死んじまうんだとよ。怖ぇえ話だ」

②「同情される幽霊」⟶「聞くところによると、そのお菊ってのは可哀そうな生い立ちでな。主にひどくいじめられてたんだそうだ。幸(さち)の薄い娘だよ、気の毒に」

③「笑われる幽霊」→「しかし、皿ぁ割って切り捨てられるたぁ、そそっかしい娘よな。ほかにも、あれこれ物をぶっ壊してたんじゃねぇか」

④「萌えられる幽霊」→「考えてみりゃ、そのドジさ加減もかわいいもんだぜ。まだ成仏できずにメソメソしてるのもかわいいじゃねぇか」

モデルケース化してみたが、もちろん必ずしも①から④の順序に展開していくわけではない。逆行することもあるし、途中が抜けることもある。一ついえることは、①から④に向かうにしたがって、幽霊が人間の側に取り込まれていくということである。[26]

4　創作怪談と実話怪談のベクトル

先のモデルのうち、「怖がられる幽霊」の場合、幽霊と人間とのあいだには決定的な断絶があり、シンパシーを抱かれることもない。心理的な面で、幽霊は常に人間よりも優位にある。一方、「同情される幽霊」は、恐怖という感情は残しながらも、人間は幽霊の側にシンパシーを抱いている。このとき、幽霊と人間は対等である。それが「笑われる幽霊」となると、シンパシーに加えて、人間のほうが幽霊よりも優位に立つようになる。

シンパシーを抱けるということは、幽霊を人間として扱っているのを意味する。幽霊の人間返りといってもいい。幽霊といっても、もとは生きた人間なのだから、こうした感情が生まれるのは当然のことである。

問題になるのが「萌えられる幽霊」である。①は怪談、②は悲話（哀話）、③は笑い話であり、呼び起こされる感情は異なるものの、話であるのに変わりはない。それに対して、④の「萌えられる幽霊」は話である必要さえないのだ。また、「萌えられる幽霊」は心理的に（庇護欲をそそられるという意味で）人間よりも劣位にあり、その点では「笑われる幽霊」と共通するが、「萌え」が対象のアイドル（偶像）化を志向するものである以上、人間性は希薄化していく傾向がある。つまり、「怖がられる幽霊」との接点も見いだせるのだ。

「萌え」を定義づけるのは難しい[27]が、わたしは「文脈からの遊離と、その結果生じる細部の肥大化」のことだと捉えている。「皿屋敷」の骨格をなしているのは「下女いじめ」のモチーフで、その結果、「皿数え」が始まる。この文脈は落語化された『お菊の皿』の後半（笑い話パート）では切り離されている。お菊は「皿数え」自体を目的として夜な夜な観衆の前に立ち、喝采を浴びる。「お菊の皿」の生き生きとしたお菊は発端の主への恩讐など忘れたようにみえるし、成仏という結末さえ無用にみえる。このお菊が人に祟るとは思えない。そこから「萌え」化が始まった。

この図式は、現代怪談にも当てはまる。子どもたちを震え上がらせた口裂け女は「型」をもっているためにパロディー化され、いつのまにか鎌ではなく、ご飯を炊くお釜を抱えて走り回るようになってしまった[28]。映画版『リング』（監督：中田秀夫、一九九八年）の貞子やネットロアの八尺様も「型」があるためにパロディー化され、最近は萌えキャラ化も進行しつつある。いったん萌えキャラ化してしまったら、なかなか怪談の「怖がられる幽霊」には戻れない。

このように、怪談、幽霊には、本質的に「笑い」「遊び」の要素があり、そのために「笑い話」化しやすい。これを結論にするときれいに収まるのだが、事はそう単純ではない。なぜなら、昨今、ブームの実話怪談（「怪談実話」とも）の存在があるからだ。「皿屋敷」のような伝統的な怪談が廃れた現在、存在感を増しているのは、実話怪談のほうである。

ここで少し思考実験をしてみよう。「実」の反対が「虚」ならば、「実話怪談」の対義語は「虚話怪談」になる。「虚話」という日本語はないが、「虚談」「虚説」という語ならばある。「事実ではない話」「作り話」の意味で、つまりは「創作怪談」のことだ。だから、「実話怪談」とは「作為を排した怪談」ということになる。

創作怪談には元ネタになる話がない場合とある場合があるが、いずれにせよ、話をブラッシュアップさせていくことによって形を整えていく。例として、四大怪談（「四谷怪談」「皿屋敷」「牡丹灯籠」「累が淵」）のケースを考えるといい。怪談として成立したあとも（多くはプロの）話し手・書き手は言葉を錬磨し、構成の巧みを競うのを忘れなかった。

それに対して、実話怪談は、磨き上げられる前のプリミティブな話の素が、（形式上は）そのまま提示される。作為が感じられる展開は真実味に欠けるとして嫌われる。また、明瞭な形での「型」は存在しにくい。肝試しがテーマの実話怪談は多いが、その話のなかの幽霊が井戸のなかから現れ「いちま〜い、にま〜い」と皿を数えるようなことはない。

実際、民間伝承の「皿屋敷」伝説には、「皿数え」のモチーフだけがあって、発端の下女殺害の場面と、結末の僧侶の救済の場面のどちらか（あるいは両方）が欠けている例もある。[29]それらの話の内容は、ただ、闇夜に、皿数えの声が聞こえるというだけだ。聞き手／読み手は、そこで皿をめぐる忌まわしい過去があったと推測する。パズルのピースが抜けている印象。まさに実話怪談といっていい。しかし、これが芝居や講談で著名なモチーフだと知ったときに、実話怪談の愛好家は興味を失う。

要するに、実話怪談と創作怪談では、「型」への向き合い方という点で、話し手／書き手の志向のベクトルが反対なのである。ということは、聞き手／読み手の志向のベクトルも反対といえるわけで、怪談研究を離れて物語論的な立場から考えても興味深い。

実話怪談の特徴が「未決感」にあることは、すでに先学による指摘がある。(30) わたしもその見解に異論はないが、正確にいうなら「未決感」よりも「未成感」という語のほうが適切だと思う。実話怪談に欠けているのは必ずしも結末の部分だけではなく、発端や途中の展開部分の場合もあるからだ（ただし、ラストで話が閉じず、現在進行形で怪異が続いている感じを示すという意味では「未決」という語も当を得ている）。

実話怪談の「未成感」は「型」へと収斂していこうとする方向性を回避することによって担保される。「型」の匂いを察知したとき、聞き手／読み手は作為を感じ、興味を失う。この点について、実話怪談作家の黒木あるじは、書き手の立場から発言している。(31)

「型」への指向性がない実話怪談が笑い話化することはまれである。実話怪談には「笑われる幽霊」「萌えられる幽霊」はあまり登場しない。ただ、実話怪談にも哀話・悲話への指向が強い話、つまり「同情される幽霊」が登場する話はあり、この点は今後の課題とする。

おわりに

まとめると——怪談も幽霊も、「型」をもつがゆえに笑い話化の可能性を秘めている。「型」から外れるとパロディーとして「笑い」を生むし、「型」を忠実になぞるのも時として「笑い」を生む。そして、「型」の存在はしばしば「遊び」を生むきっかけにもなる。もっとも、すべての幽霊が笑われ／遊ばれるわけではなく、その幽霊の個性によるところが大きい。そして笑われる幽霊のなかには、萌え化するものも出てきた。ただし以上に述べたことは、「型」をもたない実話怪談には当てはまらない——こんなところか。

もう一度、ベルクソンの言葉を引用すると、「人間的であるということを抜きにして、おかしさというものは存在しない」。人間は人間以外のものを笑うことはない。動物やロボットの動きにおかしさを感じて笑うときも、そこに人間性を見いだしているからだ。

伝統的な怪談の多くが、どろどろした人間関係に基づく因果応報譚である以上、幽霊たちが人間的であるのは当然であり、そこから「同情される幽霊」が生まれ、「笑われる幽霊」が生まれた。一方、因果律のしがらみから解き放たれた実話怪談の幽霊たちが無機質で人間的ではなく、「怖がられる幽霊」であり続けるのもまた、当然のことといえる。

以上、「怪談」「笑い話」「型」の三題噺をしているうちに「実話怪談」の問題に行き着いてしまった。ここに「悲話」という補助線を引くとより問題系が明瞭になるのだが、それはまた別の話。おあとがよろしいようで（よろしくないか）。

注

（1）この問題に関する古典的著作として下記があるが、ここで扱われている「笑い」は「哄笑」で、本章が意図するものとは違う。廣末保『四谷怪談——悪意と笑い』（岩波新書）、岩波書店、一九八四年

（2）小林信彦『世界の喜劇人』晶文社、一九七三年。「中原弓彦」名義。

（3）小二田誠二「実録体小説の原像——「皿屋舗弁疑録」をめぐって」、日本文学協会編「日本文学」一九八七年十二月号、日本文学協会、五三ページ

（4）諏訪春雄「皿屋敷流転」、学燈社編「特集 日本の幽霊」「国文学——解釈と教材の研究」一九七四年八月号、学燈社、同「皿屋敷」「特集 アジアの怪奇譚」「アジア遊学」二〇〇九年八月号、勉誠出版

（5）飯倉義之「井戸と屋敷と女と霊と——「都市における死」と皿屋敷怪談」、横山泰子／飯倉義之／今井秀和／久留島元／鷲羽大介／広坂朋信『皿屋敷——幽霊お菊と皿と井戸』（江戸怪談を読む）所収、白澤社、二〇一五年

（6）柳田國男『伝説』（岩波新書）、岩波書店、一九四〇年。のち、柳田國男、伊藤幹治／後藤総一郎編集『柳田國男全集』第十一巻（筑摩書房、一九九八年）に所収。

（7）前掲「皿屋敷」、横山泰子「芸能史における皿屋敷」、前掲『皿屋敷』所収、堤邦彦「解説」、四代

目旭堂南陵／堤邦彦編『番町皿屋敷』（よみがえる講談の世界）所収、国書刊行会、二〇〇六年
（8）越智治雄「皿屋敷の末流」「文学」一九七〇年九月号、岩波書店、九三一ページ
（9）名人による『お菊の皿』の活字テクストに、次のようなものがある。いずれも「皿屋敷」の題で載せられている。三遊亭圓生『圓生全集』別巻中、青蛙房、一九六八年、桂米朝『米朝上方落語選』立風書房、一九七〇年
（10）延広真治「『滑稽集』――文化四年のネタ帳」「川柳しなの」一九六八年三月号、しなの川柳社。のち、永井啓夫編集、伝統芸術の会編『伝統と現代』第八巻（学芸書林、一九六九年）に所収。
（11）武藤禎夫『落語三百題――落語の戸籍調べ』上、東京堂出版、一九六九年
（12）「落語三十三題」、鷲尾順敬編『国文東方仏教叢書・文芸部』上所収、国文東方仏教叢書刊行会、一九二六年、四四六ページ
（13）堤邦彦「高僧の幽霊済度――皿屋敷伝説と麴町・常仙寺縁起」、東京大学国語国文学会編「国語と国文学」一九九六年五月号、明治書院
（14）前田俊一郎「祀られるお菊――人神信仰からみたお菊・皿屋敷の伝承世界」「民俗学研究所紀要」第三十七号、成城大学民俗学研究所、二〇一三年
（15）長島平洋「落語が借りた物語⑥ 怪談 皿屋敷 その一」「上方芸能」第百六十一号、『上方芸能』編集部、二〇〇六年、一〇九ページ
（16）「解説・あらすじ（さ行）皿屋敷」「落語芸術協会」（https://www.geikyo.com/beginner/repertoire_detail_sa.html）［二〇一九年三月三十日アクセス］
（17）ベルクソンの『笑い』は、林達夫による翻訳（〔岩波文庫〕、岩波書店、一九七六年）が有名だが、本章では、原章二による翻訳を用いた。同書は、ベルクソンの『笑い』とジークムント・フロイトの

『不気味なもの』を比較して「笑い」と「恐怖」の接点を論じたジャン・リュック・ジリボンの論考「不気味な笑い」の翻訳で、本書のテーマとも関連が深い。アンリ・ベルクソン／ジークムント・フロイト『笑い／不気味なもの――付：ジリボン「不気味な笑い」』原章二訳（平凡社ライブラリー）、平凡社、二〇一六年

(18) 前掲『笑い／不気味なもの』三六、四八、五三ページ

(19) この問題について考察したものに、次の書籍がある。橋爪紳也『化物屋敷――遊戯化される恐怖』（中公新書）、中央公論社、一九九四年

(20) 武田篤典「BREAKTHROUGH POINT～つきぬけた瞬間――『やっぱりなんにも考えてない』上島竜兵」、メディア・シェイカーズ編「R25」二〇〇九年四月二十三日号、リクルートホールディングス

(21) ヨハン・ホイジンガ『ホモ・ルーデンス』高橋英夫訳（中公文庫）、中央公論社、一九七三年（原著：一九三八年）、ロジェ・カイヨワ『遊びと人間』多田道太郎／塚崎幹夫訳（講談社学術文庫）、講談社、一九九〇年（原著：一九五八年）

(22) 岸本晴雄「〈遊びと人間〉その人間学的検討にむけて――ホイジンガとカイヨウに立ち返って」「日本福祉大学研究紀要」第百巻第二号、日本福祉大学、一九九九年

(23) ただし、『遊びと人間』の序文で、カイヨワは「すべて遊びは規則の体系である」と述べる一方で、規則性がない「遊び」（「パイディア」と呼んでいる）の存在にも言及している（前掲『遊びと人間』一七ページ）。

(24) 西村清和『遊びの現象学』勁草書房、一九八九年

(25) 前掲「芸能史における皿屋敷」一二六ページ

(26) サブカルチャーにみられる「かわいいお菊」については、今井秀和「再創造される皿屋敷」(前掲『皿屋敷』所収)を参照。また、四方田犬彦の著作では「かわいい」についての根源的な考察がなされている。四方田犬彦『「かわいい」論』(ちくま新書)、筑摩書房、二〇〇六年

(27) 「萌え」の定義については諸説あるが、わたしは、東浩紀の「データベース消費」による理解が最も適切に思われる。また、本田透による「萌え」の理解を東のそれと一対として捉えると、腑に落ちる。東浩紀『動物化するポストモダン――オタクから見た日本社会』(講談社現代新書)、講談社、二〇〇一年、本田透『萌える男』(ちくま新書)、筑摩書房、二〇〇五年

(28) 野村純一『江戸東京の噂話――「こんな晩」から「口裂け女」まで』(大修館書店、二〇〇五年)に載っている話で、野村は鎌を使わなくなった現代っ子の誤解と捉えているが、わたしはパロディー化だと思う。

(29) 民間伝承の「皿屋敷」については、次の書籍に詳しい。伊藤篤『日本の皿屋敷伝説』海鳥社、二〇〇二年

(30) 水藤新子「恐怖を喚起する表現とは――『新耳袋――現代百物語』を対象に」、表現学会編「表現研究」第八十二号、表現学会、二〇〇五年、飯倉義之「怪談の文法を求めて――怪談実話/実話怪談の民話的構造の分析」、一柳廣孝監修、飯倉義之編著『怪異を魅せる』(「怪異の時空」第二巻)所収、青弓社、二〇一六年

(31) 黒木の発言を引用すると、「「これは本当にあったことですよ」という前提にもかかわらず、読者は過去の作品と類似する体験談は「前に読んだ」と、はねのけて評価しないんですね」。聞き手:茂木謙之介/一柳廣孝「実話怪談にとって「怪異」とは誰か:黒木あるじインタビュー」、一柳廣孝監修、茂木謙之介編著『怪異とは誰か』(「怪異の時空」第三巻)所収、青弓社、二〇一六年、二五ページ

第2章　語り継がれる狸合戦
――阿波における憑依と遊戯

斎藤　喬

はじめに

「怪異と遊び」のテーマについて、ここでは阿波の狸合戦を取り上げて考察する。ここでいう「怪異」とは、当地の宗教心性に根差した狸の憑依のことであり、ここでいう「遊び」とは、憑依の現象が共同体に提供する、信仰に基づく娯楽性のことである。阿波の狸合戦は、天保年間（一八三〇―四四年）に発生した大和屋という紺屋における狸憑きの口走りから始まる狸同士の合戦を物語る民間伝承だが、これは同時に金長（きんちょう）と名乗る狸が大和屋の屋敷神として祀られる由来譚にもなっている。現在、商売繁盛などにご利益があるとされる「正一位金長大明神」は小松島市中田町脇谷にあるのだが、これは新宮で、「金長神社本宮」は同市中田町東山、日峰神社をいただく日峰山の麓にひっそりと佇んでいる。

憑依の現象は、明治以降、日本の精神医学者たちによって「精神病」として再発見・再定義されてきた。いわゆる「狐憑き」に関しては、島村俊一が島根県で実地調査をおこない、その結果を報告したことを嚆矢として、榊俶（はじめ）、荒木蒼太郎、門脇真枝らが自験例を提示しながら、診断基準や症

写真1　現在の金長神社（筆者撮影、2020年、小松島市）

写真2　金長神社本宮（筆者撮影、2020年、小松島市）

候群、具体的な病状について議論を重ねることになった。[1] このようにして、日本の精神医学者たちが、迷信打破を掲げて「精神病」としての狐憑きについて啓蒙活動を推進していたのと同時期に、狸の憑依による口走りから始まる阿波の狸合戦の物語は、講釈師・神田伯龍の口演速記として、一九一〇年に中川玉成堂から出版される。伯龍によれば、『四国奇談 実説古狸合戦』[2]『古狸奇談 津田浦大決戦』[3]『古狸奇談 日開野弔合戦』[4]の三部作は、徳島に住む藤井楠太郎という人が、自分で調べて講談風にしたためたものを出版社に持ち込んだことで高座にかかったのだという。[5] ここでは、憑依文化の宗教性という問題を念頭に置きながら、阿波の狸合戦を報告する江戸後期の文献から明治以降の聞き取り調査、さらには講談の口演速記を取り上げていく。それによって病理としてだけでは捉えきれない憑依の現象の多様性、特にその遊戯的な側面について、一端を明らかにできればと考える。

ところで、明治以降にも、阿波の狸合戦はいろいろな形で作品になったり参照されたりしている。例えば代表的なものとして、一九三九年に新興キネマ製作の映画『阿波狸合戦』(監督：寿々喜多呂九平)が大ヒットを記録しているが、これこそ金長神社本宮を建立するきっかけになった出来事であり、伴淳三郎や清川虹子らがお参りに来たという。[6] あるいは九四年公開の『平成狸合戦ぽんぽこ』は、監督の高畑勲が阿波の狸合戦を念頭に置きながら「狸たちが主人公の『平家物語』」として着想したといわれている。[7] これは狸合戦そのものの作品化ではないにせよ、六代目金長はじめ四国の有名狸たちがそこに集結しているだけでなく、金長神社新宮が物語の重要な場面で登場する。そのほかにも、二〇一三年から一六年連載の水瀬マユによる漫画『姫さま狸の恋算用』(〔アクションコミックス〕、双葉社）は徳島県小松島市の染物屋大和家を舞台にした「青春ラブファンタジー」だが、金長を含め阿波の狸合戦の物語を下敷きにしている。小松島市観光サイト「小松島ナビ」には、この作品に基づく聖地巡礼マップが用意されているが、これを見れば誰でも、漫画の舞台になった市内の場所を探訪できるようになっている(8)。

もちろんこれらの作品がすべてではないが、このようにして阿波の狸合戦の物語は、口頭伝承としてだけではなく、映画や漫画のメディアを通じて現代までその命脈を保っているといえるだろう。以下では、文字化した資料を参照しながらその源流をたどってみたい。

1　「金長霊明神」由来譚

阿波の狸合戦には、『古狸金長義勇珍説』『金長一生記』『近頃古狸珍説』など、明治以前とされる文献資料が複数存在する。そのうち前二者は、四国大学附属図書館の雑誌「凌霄」において翻刻がなされている(9)。ここでは情報量がより多い『古狸金長義勇珍説』を主に取り上げることにするが、あらすじは以下のとおりである。

日開野（ひがいの）村の古狸・金長は、若年だった紺屋の大和茂十郎に命を助けられたことに恩義を感じ、それからというもの、本人に気づかれないようにそばに仕えて、災難を防ぎ、商売の手助けをしてきた。ある日、金長は紺屋の奉公人である萬吉に憑依して、これまで守護神として仕えてきた経緯を主人・茂十郎に解き明かす。金長に憑依された萬吉は、人並み以上によく働き、噂を聞きつけて集まった人々に高論を説いて聞かせた。そこで近隣の修験者が憑き物落としをしようとして金長に易学の問答を挑むのだが、それも容易に打ち負かしてしまう。ますます評判を高めた金長は、夜になると阿波の有名狸たちの化け話を面白おかしく語った。[10]

茂十郎は、商売繁盛・家内安全のご利益をもたらす金長のために、祠を建ててお祀りしたいと申し出る。しかしながら金長は、現在無官であることを理由に、茂十郎の申し出を拒絶する。四国の狸が官位を得るためには、津田浦の穴観音を流行させ、多くの参拝客を集める六右衛門という狸の許で修行をしなければならない。狸は神仏を流行させて人々の尊敬を集めることで鎮守などになるのであって、無官のままでは、のちにより高官の狸が来たときに追い出されてしまう。そこで、官位を得てから日開野に戻るので、祠の建立はそのときまで待ってほしい、と金長は言う。[11]

茂十郎が承諾すると、金長は第一の家来である鷹という狸を連れて、六右衛門の許へと赴く。その後、六右衛門の許で頭角を現した金長は、津田浦に留まって自分の補佐をしてくれるよう六右衛門から依頼される。しかしながら、主人・茂十郎との約束を守って日開野に帰ると言って金長は聞かない。そのため、津田浦の参謀役の狸たちに疎まれてしまい、ついに官位が授与される直前に闇討ちに遭う。金長と鷹は、二匹で立ち向かうが多勢に無勢でなす術もなく、鷹が犠牲になって、金長はついに日開野に帰還し、そこで六右衛門との再戦の準備を始める。

津田浦で六右衛門と合戦した後、金長は手負いのまま日開野に戻ってから、再び萬吉に憑依して、事の次第を茂十郎に告げる。そして、自分の死後は養子の小鷹という狸が跡目を継ぐことになるが、魂魄はいつまでも大和屋に留まり、開運吉凶火盗水難から守る、と宣言する。茂十郎は、それまで守護神として活躍してくれた金長のために祠を建てて祀るが、末代の子孫が粗末に扱ったりすれば怒って祟ることがあるだろうかと尋ねる。金長は茂十郎の質問を一笑に付し、ほかの狸ならいざ知らず、祀らないから祟るというのは性根が未熟であるからだと言った。そのため、茂十郎は金長の言葉にますます感じ入り、大和屋永代の守護神として「金長霊明神」と尊称を奉り、石の祠を建立した。後日談として、それからも金長は萬吉に憑依して吉凶を示すことがあったため、大和屋だけでなく広く人々の信仰を集めたという。

以上のことから、『古狸金長義勇珍説』は、茂十郎が金長を大和屋の屋敷神として祀る経緯を説明した由来譚であることがわかる。著者の松樹（しょうじゅ）は、冒頭で、紺屋の茂十郎が住む日開野で金長が「霊神」になったその顛末を語る、と断っているのだが、末尾の評言で、これは最近自分が見聞して書いた実説であるから疑う者は大和屋に行って直接聞いてみるといい、と述べている。[12]『金長一生記』において、紺屋の主人の名前が茂十郎ではなく茂右衛門であること、金長が「霊神」ではなく「鎮守」として祀られること、後日談に関する記載の有無など、細部において異同があるものの、『古狸金長義勇珍説』と物語の結構をほぼ同じくしている。[13]現世利益をもたらす古狸・金長の存在は、萬吉（『金長一生記』では万吉）の憑依によってはじめて、紺屋の主人とその周囲の者たちにとって既知の事柄になった。

金長自身の口で、憑依の時点から遡及的に茂十郎が過去に直面した災厄が語られ、これによって、当座の大和屋の家内安全・商売繁盛は金長の現世利益によるものだという因果論が提示される。これこそが、金長を祀り上げている大和屋とその周辺の人々が積極的に支持しようとする「金長霊明神」の由来譚の根拠になるのだが、奉公人の萬吉に憑依する以前の茂十郎に関する挿話は、結果として現世利益に裏打ちされなければ、先行していた事実として語るべき動機づけをもたない。そうなると、そもそも紺屋の隆盛が語りの場において眼前にあって、家内安全・商売繁盛をもたらす金長信仰があればこそ、この由来譚は現実味を帯びることになる。

2 初発の口走り

それでは次に、後代の聞き書きに基づいて、阿波の狸合戦がどのように語り出されたといわれているかをみることにしよう。ここでは、一九二二年初出となる後藤捷一の記述と、二七年出版になった笠井新也の記述を比較しながら、憑依の場面について検証するのだが、最初に後藤捷一の報告を紹介する。

古老の直話によると、天保年間名東郡斎津村から勝浦郡小松島町へかけて、山間に多くの狸が負傷して死んで居つたが、それから間もなく日開野（小松島町の大字）の狸が人に憑いて、此狸合戦の詳細を物語つたといふ。是に依ると日開野村の鎮守の森に住む金長といふ狸と、名東郡津田浦の穴観音六右衛門と云ふ狸との戦で、国内の狸は全部集合して二派に分れ、芝右衛門などは淡路からはるばるやつて来て働らいたといふが、未だ雌雄の決せぬうち六右衛門は傷を負うて死に、金長は病んで果てたので、二代目の金長と六右衛門の子とが日開野で弔合戦をし、後讃岐屋島の禿狸の挨拶によつて和睦したと伝へて居る。然して日開野村の狸が人に憑いて此の話をしたのは、天保十年であつたといふことである。[14]

後藤が、阿波でいつこの「狸合戦」を聴取したかは不明だが、記述によると、狸合戦を語る金長の憑依は一八三九年に起こったという。ここでは、憑依の現場になった紺屋と被憑依者になる奉公人という細部がみられないため、金長の恩返しというモチーフさえも脱落している。しかしながら、ある日山間に狸の死骸が数多く見つかり、その後日開野の鎮守の森に住む金長という狸が村人に憑依して、六右衛門という狸とのあいだの合戦を物語るという筋書きは興味深い。当地は狸憑きが発生する憑依文化圏であり、しかもそこで勃発した狸合戦が、源平屋島の合戦を目の当たりにして、それを物語ることで知られる讃岐の禿狸の仲介によって和睦したといわれているのである。[15]これは、突如発生した狸の大量死という異常事態があり、それが阿波の憑依文化の枠組みのなかで、シャマン的な感性をもったある語り手によって見事に物語化された事例のようにみえてくる。[16]

続いて、笠井の報告を紹介する。笠井は、『阿波の狸の話』の「日開野金長」の項の冒頭で「天保年間の話」と明記している。ここには、金長が以前、茂右衛門に命を救われ、恩返しとして染物屋の奉公人・万吉に憑依して商売繁盛に貢献したこと、さらには病気治しや近隣の易者との問答まで、『金長一生記』の人物名と筋書きが一通りそろっている。茂右衛門が屋敷内に祠を建立しようとすると、金長はそれを拒絶して、津田浦の六右衛門のもとで正一位を得て帰ると約束する[17]。

この後の展開では、一年後、金長は万吉に再び憑依して、津田浦での修行から六右衛門との確執を語り、夜襲のために家来の鷹が撃たれてしまった経緯を告げる。そして、ここから、聞き書きが設定する時間軸は語りの現場である日開野での決戦前夜に重なっていく。金長は、決死の覚悟で六右衛門と一戦を交えると宣言して万吉から離れるが、次の引用文は、当時のこととして述べ伝えられる内容である。

その頃の話である。或日、誰が云出すともなく、今夜金長の軍勢が津田の方へ攻めて行くので、鎮守の森で勢揃をするさうだといふ噂がやかましく伝へられた。それ見に行け！といふので、大勢の村人は、日の暮れるのを待つて鎮守の森へ押寄せた。併し皆々気味が悪いのみならず、勢揃の邪魔になつてはいけないといふので、何れも道路をあけて、森を遠巻にして様子を窺つてゐた。すると宵の程は何の物音もしなかつたが、夜が更けるに随つて、何だか大勢の者が森の中で犇めきあつてゐる様子であつた。翌朝になつてみると、果して森の中から道路へかけて、無数の狸の足跡が、地に印せられてあつた。それで狸合戦の風説も虚言ぢやないと、皆々話しあつたことであつたといふ[18]。

笠井の文章の最後に、徳島市に住むという大和屋四代目当主・梅本賢孝のもとには、初代の茂右衛門が「狸合戦」の後で金長を正一位にするべく尽力したことがわかる証拠書類が現存している、という記述がある。このようにして、大和屋代々の伝承という形で金長神社の由来譚を一九二七年まで保持している点が、ここでは際立っている。(19) 結果として、金長が万吉に憑依して決戦を告げた翌朝、鎮守の森で狸の足跡が無数に発見されたことで、狸合戦の真理性は事後的に証拠立てられているのである。金長と六右衛門が総力を結集して一戦を交えたとされる日開野の合戦の翌日に、鎮守の森で狸の足跡が無数に発見されたという記述は、『古狸金長義勇珍説』と『金長一生記』にもみられるものである。ただ、両者ともに、決戦の晩、森には多くの怪火が発生して騒々しかったという記述がここに付け加わる。

後藤の報告では、古老の直話から、鎮守の森に散乱していた多くの死骸が狸合戦を語り出す契機として指摘され、笠井の報告では、鎮守の森に残っていた無数の足跡によって、狸合戦が実際におこなわれたと証拠立てられている。狸合戦の語り手となった人物が、実際に紺屋の奉公人だったかどうかについて見解の一致はみられないが、一八三九年ごろに発生したとされる金長の憑依は、おそらく日開野の鎮守の森で狸の死骸か足跡が無数に発見されたことと深く関連しているのだろう。

3　狸憑きから狸合戦へ

それでは続いて、講釈師・神田伯龍の口演によって一九一〇年に出版された、講談版狸合戦三部作（以下、『実説古狸合戦』『津田浦大決戦』『日開野弔合戦』と略記）をみていくことにしよう。冒頭で指摘したように、伯龍自身が高座で、これは徳島の藤井楠太郎が作者であると断っているが、そのうえで講釈師が付け加えた部分があるとも述べている。後藤捷一は、前掲著で伯龍の口演を批判的に紹介しているが、確かに発話時点の口頭伝承を保存しようとする立場でこれを読むならば、寄席で好評を博したという伯龍の口吻によって作り話にみえてしまうのもやむをえない。[20]しかしここでは、後藤自身が採取したあまたの狸話に通じる狸憑きの遊戯性という観点から講談版の特徴を考えてみたい。

紺屋の主人が茂十郎ではなく茂右衛門であること、金長に憑依される奉公人が萬吉ではなく亀吉であることなど細部に異同はあるものの、講談版は『古狸金長義勇珍説』に含まれる阿波の狸合戦の筋書きをほぼ踏襲している。そればかりか、語り物になったことで臨場感を高める戦場の情報量は江戸後期文献を凌駕していて、有名狸のクロスオーバーともいうべき事態によって、日開野・金長と津田浦・六右衛門の合戦から逸れる脇筋が、多岐にわたって膨らんでいる。明治になって作り出されたこの作品を、後藤がいう意味で「阿波の狸合戦」の口碑として聞くことは難しいとしても、創作の経緯も含めて巷間に流布した一つの異本という視点から捉えると、みるべき点があるだろう。

人間の世界で発生した狸憑きは、阿波の憑依文化になじみがない人々にとって「怪異」になるか、さもなければ明治期の精神医学者たちのように「病理」にするしかない。江戸後期文献とみられる『古狸金長義勇珍説』では、隣村である那賀郡宮倉村の修験者でさえも、金長の憑依に対して「障化をなし虚言をもって万物の王たる人を迷わす畜生」[21]と罵倒する。講談版でも、梅花堂法印という易者が、金長を「妖狸」と断定したうえで、「狸憑きは被憑依者となった奉公人の命に関わるので早く落としてしまわなければならない」[22]と宣言する。このようにして、阿波の狸合戦の前提には、狸同士の合戦以前に、憑依の現象をめぐって人間と狸との確執がある。しかしながら、それは当然のことながら金長を神に祀り上げる筋書きのうえでのことであって、奉公人への憑依は妖狸がもたらす祟りとしての怪異から始まるが、すぐさま吉事として受容されることになる[23]。

『古狸金長義勇珍説』と講談版狸合戦を比較すると、後者は「正一位金長大明神」の由来譚で終わっていないところに最大の特徴がある。講談の三部作は、人間の世界の憑依から狸の世界の合戦へと移行する形で、結果的に端緒となった大和屋の憑き物騒動から離脱する。そして最終的な語りの軸は、具体的に『津田浦大決戦』の第一席から第二席にかけてだが、決戦前夜に金長が亀吉に再び憑依して茂右衛門に主従の別れを告げる場面を転機として、狸合戦のほうに一本化するのである。これによって速記本の読み手、あるいは寄席の聞き手は、憑依されている奉公人の発言をメディアになった語り手から受け取るという二重性を脱却して、伯龍自身の言葉で直接狸合戦の顚末について読み聞くことになる。

三部作全体の分量でいえば、『実説古狸合戦』の第五回で金長が官位を得るために六右衛門のもとへと赴いた場面から、『津田浦大決戦』の第一回の終わりで亀吉への再憑依があってその続きとなる第二回を除いて、伯龍口演は内容の大半が狸の世界の物語で構成されている。江戸後期文献では、最終的に金長神社の由来譚として憑依の現象を取り巻く話題に回収されていくのに対し、講談版の狸合戦はその意味で狸の世界の軍記となり、当初から枠物語として本筋を支持するように機能していたはずの狸憑きの挿話も、いつしかフェードアウトしていく。結果として伯龍の口演速記は、いうなれば狸憑きの怪異譚（＝憑依した金長を神として祀る由来譚）であるよりも、狸合戦という叙事詩（＝神々として祀られる狸たちの軍記）であることに重きを置くようにみえるのである。

そうなると次に、これら異質なテクストを同時に紡ぐ語り手が、狸憑きと狸合戦の継ぎ目をどのように折り合わせているかが問題になるだろう。被憑依者ではない講釈師が金長として一人称で狸合戦を語ることは不可能なので、人間の世界の読者や聴衆を狸の世界の合戦へと誘うためには橋渡しをする必要があった。そのことについて、伯龍は『実説古狸合戦』第五回の冒頭で次のように述べている。

> 今までとは違ひまして、是れから後のお話は狸と狸とのお話と云ふことになりまして、（略）何分人間とは違ひ狸同士の話でございますから、狸がチョッと大小刀を差したり、又は狸が刀を引つこ抜いて対手を斬る、或は狸が自害をするとか、斯う云ふ間違が出来ると云ふのは、可笑しなものであります、（略）総てこれからのことは人間が物を云ふのではない、狸同士の奇々妙々なお話でございます、併しこれは後に至つて人間の話で、斯う云ふことがあつたと云ふ、其の土地の実説として伝へられましたのを、お話申し上げるので、嘘のような実説でございます、何うか其の辺を前以て宜しなに御了承の程を願ひ置きます[24]（略）。

いかにも言い訳めいているようだが、講釈師・神田伯龍は間違いなくこれをもって狸合戦の本筋を語り出そうとしている。講談版にとって、いわばここまでが前置きであり、まさに人間同様の軍記として、さらに結果として祀られる神々の叙事詩として、阿波の狸合戦はここから語り出される。伯龍がいう「実説」の意味は、人間の口を介して伝えられた、実際にあった出来事ということで、紺屋の奉公人らしき人物に狸が憑依した現象の信憑性について、ここではいささかも疑われていない。むしろそれを前提として、いまから始まる合戦の細部に講釈師の本分がいかんなく発揮されていることに鑑みれば、たとえ遠慮がちに「狸同士の奇々妙々なお話」などといわれているとしても、狸合戦こそが演目の見せ場であるというべきだろう。

4　合戦を語る遊戯性

みてきたように、講談版狸合戦では、狸憑きの真偽よりも狸合戦の真偽のほうが問題になっている。そのため伯龍は、憑依の現象が発生することについてはなんの疑義を呈することもなく、狸同士のあいだで勃発した合戦については「お子達のお伽噺」だと思ってもらっては困ると念を押すのである。(25)阿波の狸合戦は「実説」であって「嘘言」ではない。これは、笠井の聞き書きでも強調していた部分である。たとえ見てきたように語る講釈師の高座にやや過剰な脚色があったとしても、日開野にある鎮守の森に、死骸や足跡のような証拠物件が数多く発見されたからには、狸たちはきっと合戦をしたのだろう。少なくとも、テクスト空間内部に想定される寄席の最前列で講釈師にかぶりつくつもりでいる読者は、そのような聴衆であることを要請されている。金長霊明神のご利益を信じて大和屋を訪れ、萬吉の狸話に熱心に耳を傾ける人々と同様に、語り手がもたらす物語を享受するべく存在するよう、私たちはそこにすでに措定されているのである。

実際、阿波の有名狸のなかには、そもそも講釈師のように合戦を語る者がいる。「屋島の禿狸」である。源平屋島の合戦を目の当たりにしたこの古狸は、讃岐から阿波に来て人々に憑依し、屋島合戦を物語ったという。後藤捷一は一九二二年初出の前掲著で、曾祖母からの直話として次のように述べている。

私が小供の時分（今から二十二三年前）八十六歳になる曾祖母から聞かされた話は、嘉永安政頃、禿が阿波西林村（阿波郡林村）の、女髪結の身体を籍りて居た時のことである。其禿が身体を籍つて居たといふ女は二十四五歳の村一番の美人で、平常は髪結の渡世をして、常人と少しも異なつたことがないが、一度禿が乗移つたといふと、容貌から言葉遣まで変つて来て、まるで狸の言語動作になつて仕舞ふ。其時には依頼により吉凶其他を予言したり、他の狸憑から狸落しを願ふと、「何と云ふ狸に何月何日何の悪戯をしたに依つて憑いて居るのであるから、云々すれば其狸は自分の巣に帰るであらう。」とか言つて之を全癒させたりして、なかなか流行したさうである。女髪結の体から禿が離れる時は、只今から何処迄いつて参ります」と云ひ、屋外に出て白扇を拡げ、口の前方に差出して居ると、其白扇が自然にビリビリ働いて来て、暫らくすると其動きが止むのと同時に女は倒れて暫時生気を失つて居るが、其儘捨て置くとやがて独手に起上つて、今度は生れ変つた様に常人となり、「誠に屋島に身体を籍られてお恥かしい次第です」といふ挨拶をして、少しも異つたことがない。禿が帰ると、「只今帰つて参りました」の一言を以て、全く別人となつて仕舞ふのであるが、此狸は決して人に悪戯をしなかつたそうである。(26)

引用文の後にも後藤の曾祖母の体験談が続くのだが、この「禿」は、「生前の身上話や屋島合戦を語つて聞かせたといふが、とりわけ義経の八艘飛や弓流しを面白く話したそうである」という記述があることから、吉凶占い、憑き物落とし、平家語りと周辺住民の多様なニーズに応えていたことがうかがえる。

前述した『古狸金長義勇珍説』では、金長がもたらす現世利益として商売繁盛を前面に押し出していたが、やはりそこでも吉凶占い、病気治しに効験を示していて、近在の有名狸の化け話を面白おかしく人々に語り聞かせたとあった。当時の阿波の憑依文化では、狸憑きとなった者が「源平合戦」や「化け話」を語る様子はまさに芸人そのものなのだが、伯龍口演にも、金長の話しぶりは「下手な講釈師から話を聞くより其の方が余程面白い(27)」とクスグリが入る。易者でもあり呪医でもあり、なおかつ「語り部」として社会的機能を果たすその役割の重要性を、ここから読み取ることができる。(28)

そして何より注目すべき点は、屋島の禿狸が、自らの身の上話を語ったという証言ではないだろうか。被憑依者はここで、間違いなく一人称で、目の当たりにした屋島合戦見物の情景や、その後数百年にわたる過去の遍歴を述べているのである。金長の場合は、狸合戦が語りの現在においてリアルタイムで進行しているため、「戦場で怪我をした」とか「決戦は明日である」といった言辞が、テクスト内部における聞き手の現在と重なり合っている。だからこそ、松樹は評言として当地で自分が見聞した実説であることを強調したのだし、伯龍は狸合戦の奇妙さについて弁解しなければならなかったのである。つまり、「実説」とは、語り手が憑依の現象を通して語られた出来事が真実であることについて、聞き手との共犯関係を求める符丁であり、それこそが阿波の狸合戦を享受するだけの信仰を持ち合わせているかどうかの試金石になるのである。もちろんそうはいっても、語り手自身が信仰を持ち合わせているかどうかがテクスト内部で明らかになることはありえない。

先ほどみたように、『古狸金長義勇珍説』でも『実説古狸合戦』でも、憑依の現象を怪異として捉え、金長の霊験を否定する不信心の極みを含み込んでいる。だからこそ、そのうえで理想的な金長信者になるべく聞き手のイメージが、その内部で用意されていることが重要なのである。結局のところ、狸合戦の物語を文字どおりに楽しむのに必要なことは、狸憑きへの猜疑心を乗り越え、真剣に受け止めることができるかどうかに尽きる。憑依を真剣に遊戯する規則を土台としなければ、そこで出現した狸たちは神々として祭祀の対象になりえないからだ。[29] そうだとすると、私たちが「阿波の狸合戦」を享受するためには、たとえそのあいだだけであっても、聞き手として自らの信仰をかけてみる必要がある。

おわりに

本章では、阿波の狸合戦の物語における憑依の現象を問題としながら、狸憑きの遊戯性について考察を試みた。そこで、憑依によって語られる神々の叙事詩という観点から、狸合戦の語りの場へと参与しようとすること自体が、真剣にご利益を求めて金長に参詣するような、きわめて実践的な宗教行為であることを指摘できていればと思う。狸たちは命がけで合戦をおこない、その聞き手は物語の現場で実存をかけて信仰への飛躍が問われる。神々として祭祀すべき狸たちへの尊敬と畏怖だけが、この飛躍を根拠づけるにちがいない。遊戯の規則の厳格さとは、まさしく儀礼の規則の厳格さであるべきだが、憑依の現象における遊戯性、聞き手としての自由に満ちたプレイアビリティこそが、私たちに物語への参与の資格を与えてくれる。

憑依の現象は、たとえ一部だけを切り取って扱ったとしても「怪異」や「病理」などと判断することはできない。狸が語る合戦の妙味というものを調査するうえで、信仰の問題を抜きにすれば、憑依の事実を通して物語を聞くことの意味がみえなくなるだろう。いずれにせよ、後代の人間たちがどんなに粗末に扱っても決して祟らないと言いきっているのだから、狸合戦をどうでも好き勝手に楽しむことが許されている私たちは、すでにして霊神金長の大らかさに救われているのかもしれない。

注

（1）拙稿「明治期日本における精神医学と狸憑き」「アカデミア 人文・自然科学編」第二十一号、南山大学、二〇二一年
（2）神田伯龍講演、丸山平次郎速記『四国奇談 実説古狸合戦』中川玉成堂、一九一〇年
（3）神田伯龍講演、丸山平次郎速記『古狸奇談 津田浦大決戦』中川玉成堂、一九一〇年
（4）神田伯龍講演、丸山平次郎速記『古狸奇談 日開野弔合戦』中川玉成堂、一九一〇年
（5）前掲『四国奇談 実説古狸合戦』二ページ
（6）横山は、江戸後期文献から講談版、映画版へと変遷していく狸のイメージについて検証している（横山泰子「狸は戦い、舞い踊る――近代芸能における狸のイメージ」、小松和彦編『妖怪文化研究の最前線』〔妖怪文化叢書〕所収、せりか書房、二〇〇九年）。講談版、映画版の背景にある日清戦争や太平洋戦争の情勢に関する言及や、江戸後期文献との比較における講談版の特徴についての指摘など、多くの点で参考にした。
（7）「映画『平成狸合戦ぽんぽこ』誕生」、スタジオジブリ／文春文庫編『ジブリの教科書8 総天然色漫画映画 平成狸合戦ぽんぽこ』（文春ジブリ文庫）、文藝春秋、二〇一五年、二三―二五ページ
（8）「姫さま狸の恋算用聖地巡礼マップ」、小松島市観光ウェブサイト「小松島ナビ」（https://www.city.komatsushima.lg.jp/komatsushima-navi/anime/himesamatanuki.html）［二〇二一年四月一日アクセス］
（9）翻刻した横谷佳代子によれば、『古狸金長義勇珍説』は二種類存在し、一つには序に「天保十年」（一八三九年）の記載があるという（横谷佳代子「凌霄文庫蔵『古狸金長義勇珍説』翻刻」、四国大学附属図書館編「凌霄」第二号、四国大学、一九九五年、四〇―四一ページ）。

（10）阿波の有名狸たちは、基本的に人間同様の固有名をもち、それぞれの逸話に根差した形で祠に祀られているものが多い。中村禎里は、近世の文献資料から狸合戦の戦闘方法や津田浦穴観音の成立など、本章に関わる問題について多岐にわたる検証をおこなっており参考になる（中村禎里「徳島県のタヌキ祠」『動物たちの日本史』海鳴社、二〇〇八年）。また、田中優生は、近世以降に阿波で大きく発展した藍作とともに、各地に移住した藍商人たちによって伝播した阿波の狸文化について指摘していて興味深い（田中優生「阿波藍商人が伝えた狸文化――大阪・木更津への伝播をめぐって」、関西大学史学・地理学会編「史泉」第百十八号、関西大学史学・地理学会、二〇一三年）。

（11）榎本直樹によれば、江戸時代には諸国の狐は「藤森」と呼ばれていた伏見稲荷に集まって官位を目指していたと考えられていて、官位を求めて藤森へ行くために暇乞いをする狐の話を『耳袋』から引用している（榎本直樹『正一位稲荷大明神――稲荷の神階と狐の官位』岩田書院、一九九七年、一九一―一九六ページ）。また、大森惠子は、「巫覡の託宣によって祭祀された稲荷」ということで、明治初頭の狸憑きの事例をいくつか紹介している（大森惠子『稲荷信仰と宗教民俗』〔日本宗教民俗学叢書〕、岩田書院、一九九四年、五四九―五五三ページ）。阿波の狸合戦の文化史的背景について、官位を得るために四国中の狸たちが参詣しなければならない津田浦穴観音の位置づけや、奉公人への憑依によって祭祀されることになった金長神社成立の経緯なども含めて、稲荷信仰の事例との比較において話型の類似を考慮に入れる必要がある。

（12）前掲「凌霄文庫蔵『古狸金長義勇珍説』翻刻」六二ページ

（13）両者の共通点として、例えば、奉公人への憑依によって明らかになった、金長の長年にわたる紺屋の主人への恩返し、金長に憑依された奉公人と地域の宗教者との易学問答と金長の勝利、金長の祠建立と紺屋の屋敷神を超えた信仰集団の形成などがある。翻刻した山上里香によれば、『金長一生記』

は凌霄文庫に所蔵されていて、著者（書写者）名・年代の記載もなく不明だが、江戸後期のものと思われるという（山上里香「凌霄文庫蔵『金長一生記』翻刻」、四国大学附属図書館編「凌霄」第三号、四国大学、一九九六年、二二ページ）。

(14) 後藤捷一「阿波に於ける狸伝説十八則――附「外道」に就て」、民族と歴史編輯所編「民族と歴史」第八巻第一号、日本学術普及会、一九二二年、二八二ページ（強調は原文）

(15) 当地の憑依文化については、もう一つの憑き物として知られる「犬神憑き」との比較を含む高橋晋一の論考が参考になる（高橋晋一「「はなし」の社会的機能――阿波の狸話をめぐって」、世間話研究会編「世間話研究」第十号、世間話研究会、二〇〇〇年、同「動物憑依の論理――徳島県の犬神憑き・狸憑きの事例より」「四国民俗」第三十六・三十七号、四国民俗学会、二〇〇四年）。また、拙稿においても、精神医学者・荒木蒼太郎が調査した徳島県の「犬神憑き」と「狸憑き」の比較について言及している（前掲「明治期日本における精神医学と狸憑き」）。

(16) この点について、文脈は異なるが、宗教文化史と文化精神医学の観点から飼い猫の病死によって猫憑依体験が発生したという事例は参考になる（高畑直彦／七田博文／内潟一郎『憑依と精神病――精神病理学的・文化精神医学的検討』北海道大学図書刊行会、一九九四年、三〇〇―三〇七ページ）。

(17) 笠井新也「日開野金長」『阿波の狸の話』（郷土研究社第2叢書）、郷土研究社、一九二七年

(18) 同書一〇五―一〇六ページ

(19) 一九七五年に出版された飯原一夫の『阿波の狸』を後藤と笠井の後の展開として付け加えておくと、両者から四十年以上隔たる飯原の聞き書きには、一八九七年ごろに日開野から中田へ「梅山」という紺屋が引っ越してきたとある。そこで話者は、紺屋が祀る「金長狸」のお祭りが年に一回おこなわれ、「金長狸」は失せ物、尋ね人、縁談、旅行、病気治しに効験を示し、当時から七、八年は祭りが続け

られていたといっている(飯原一夫『阿波の狸』教育出版センター、一九七五年、一〇九ページ)。ちなみに「徳島新聞電子版」二〇一九年四月十三日付の記事によると、現行の「金長まつり」は一九五七年から毎年開催されてきたそうである(「神社周辺再開発で廃止危機「金長まつり」場所変え存続 名称も「小松島金長狸まつり」に」「徳島新聞電子版」二〇一九年四月十三日付〔https://www.topics.or.jp/articles/-/188425〕［二〇二一年四月一日アクセス］)。

(20)前掲「阿波に於ける狸伝説十八則」二八一―二八二ページ

(21)前掲「凌霄文庫蔵『古狸金長義勇珍説』翻刻」四五ページ

(22)同論文三五―三八ページ

(23)伯龍は、『実説古狸合戦』で、伊予の松山騒動に天智天皇のころから生きる古狸犬神刑部が絡む怪異譚である『松山狸問答』について何度か言及している。これは講談における数少ない狸物であり、伯龍自身も一八九七年に速記本を公刊している。主人公の後藤小源太政信は犬の乳で育ったために夜目が利くという特別な力をもつ剣士で、松山藩内で人々に危害を加える犬神刑部を退治しようとする。小源太と何度か対決した後で、犬神刑部は自分を神として祀り上げるならば、その代わり守護神になってやると提案する。身の丈六尺(約百八十センチ)、白衣をまとい、全身金毛で火焔を吐き出すという「妖狸」犬神刑部が活躍する『松山狸問答』は、古狸を神として祀り上げることで守護してもらうという骨子が『実説古狸合戦』と共通しているだけでなく、阿波の六右衛門の以前は伊予の犬神刑部が四国の総大将だったという指摘が伯龍口演のなかにあるだけに、有名狸のクロスオーバーとしても、狸憑きを怪異から吉事へと捉え直す契機について考えるうえでも看過できない。

(24)前掲『四国奇談 実説古狸合戦』八四―八五ページ

(25)同書一ページ

（26）前掲「阿波に於ける狸伝説十八則」二八八―二八九ページ

（27）前掲『四国奇談 実説古狸合戦』二四ページ

（28）『平成狸合戦ぽんぽこ』の特典映像として収録されている落語『狸賽』のなかで、本作のナレーターを務めた古今亭志ん朝は、自らの役割のことを「語り部」と称している。この物言いは、噺家・志ん朝が『ぽんぽこ』を語り物とする発言で興味深い。ヴァルター・ベンヤミンがいう「物語作者」のように、口から口へと伝わっていく経験を交換する能力こそが、まさに「語り部」の専売特許だろう（ヴァルター・ベンヤミン『エッセイの思想』浅井健次郎編訳〔「ベンヤミン・コレクション」第二巻、ちくま学芸文庫〕、筑摩書房、一九九六年）。この点について、高畑勲が浄瑠璃の作劇法にのっとって『ぽんぽこ』を「語り物」として製作したとする加藤敦子の指摘は参考になる（加藤敦子「物語・風流・浄瑠璃――芸能から読む『平成狸合戦ぽんぽこ』」、中丸禎子／加藤敦子／田中琢三／兼岡理恵編著『高畑勲をよむ――文学とアニメーションの過去・現在・未来』所収、三弥井書店、二〇二〇年）。

（29）ここで「規則」というとき念頭に置いているのは、ヨハン・ホイジンガが『ホモ・ルーデンス』（高橋英夫訳〔中公文庫〕、中央公論社、一九七三年）のなかで「遊びにおける神聖な真面目さ」に関連して、宗教儀礼の形式的な遊戯性について言及している記述である。また、ルドルフ・オットーの「聖なるもの」を参照しながら、ロジェ・カイヨワが『人間と聖なるもの 改訳版』（塚原史／吉本素子／小幡一雄／中村典子／守永直幹訳、せりか書房、一九九四年）所収の「遊びと聖なるもの」のなかで展開しているホイジンガ批判も参考にしている。本章のスタンスとしては、狸憑きを吉事とすることができる憑依文化、さらにはそれを根拠づける宗教心性こそが、遊戯としての宗教儀礼において厳格さを規定すると考えている。

［付記］本研究は JSPS 科研費 JP20K12817の助成を受けたものである。また、本章での引用文は、読みやすさを図り表記を改めた部分がある。

第3章　怪談師の時代

一柳廣孝

1　遊びとしての怪談語り

本書のタイトルである「怪異と遊ぶ」と聞いて、何を連想するだろうか。物騒で不謹慎な遊びだと思ったならば、頭に浮かんだのは肝試しの類いのはずだ。確かに、廃屋などに忍び込めば家宅侵入罪に問われるし、場合によっては立ち寄った心霊スポットでタチの悪そうな集団と鉢合わせ、追いかけ回されるはめになるかもしれない。夜中に人けがない場所をウロウロするわけだから、危険度は高い。肝試しは現場に赴き、直接怪異と対峙する。そうすることで、自らの身体感覚を通してスリルを楽しむ行為と言える。

一方、キャラ化された怪異と戯れるというケースもありうる。怪異の主役たる幽霊や妖怪をキャラ化した玩具で遊ぶ、彼らが登場する漫画やアニメやゲームを楽しむ、といったあり方だ。江戸時代には妖怪かるたや妖怪すごろくが作成され、子どもたちに親しまれていた。現代でも、例えば「ゲゲゲの鬼太郎」関連の多くのグッズが販売されているし、幽霊や妖怪が登場するサブカルチャーは、それこそ星の数ほど存在する。

心霊スポット訪問などが現実的な体験型の遊び方だとすれば、キャラ化された怪異と戯れるのは、より空想的で想像型の遊び方である。だとすれば怪談語りを楽しむ行為は、この両者の特徴を併せ持つ。実際にあった出来事（現実）に基づく話が、聴衆に向かって語られる。聴衆はその話を事実として受け止めたうえで、話の隙間を想像力で補い、恐怖心を高めていく。ノンフィクションとフィクションのはざまで、恐怖が増殖する。

怪談語りは、話者から直接話を聞くという意味で体感的である。一方、実体を伴わない「声」を媒介として伝えられるにもかかわらず、聞き手は想像力によって、その語りからリアルな恐怖を感受するという意味で、それは空想的でもある。

このような「声」の力で怪異を顕現させる語りの世界が、いま大きな広がりをみせている。様々な怪談の語り手が、全国各地で、またはネット空間を利用して怪談ライブなどのイベントを開催し、人気を博しているのだ。彼らは「怪談師」を名乗ることが多い。この名称は一般的にも浸透しつつあり、怪談師を主人公とする小説も登場している。[1]

ただし「怪談師」という名称は、すでに明治時代に使用例がある。例えば春のやおぼろ「牡丹燈籠序」には「此ごろ、詼談師（かいだんし）三遊亭の叟（おじ）が口演（くえん）せる、牡丹燈籠となん呼做（よびな）したる仮作譚（つくりものがたり）を、速記という法を用いて、そのままに謄写しとりて、草紙となしたるを見侍る」[2]とある。

また森鷗外「百物語」では、語り手の「僕」が物置で見つけた人形について「寄席に出る怪談師が、明りを消してから、客の間を持ち廻って見せることになっていた、出来合の幽霊である」[3]と説明している。この物語は鹿島清兵衛が一八九六年七月二十五日に開催した百物語の会を踏まえているので、そのころの話とみていいだろう。

坪内逍遥（春のやおぼろ）は三遊亭円朝に怪談師という称号を用いているわけだが、では鷗外も言及している明治期の怪談師とはどのような存在だったのか。また、なぜ怪談師は長い年月を経てよみがえったのか。そもそも現代の怪談師と明治の怪談師には、何らかの連続性があるのだろうか。まずは幕末から明治にかけての怪談師たちの動向を確認し、あわせて現代の怪談語りとの相違から見えてくるものについて、いささか考えてみたい。

2　明治の怪談師たち

そもそも怪談師とは、怪談噺を専門に語る噺家のことをいう。また怪談噺とは、落語の演目のなかで幽霊や化け物、死神といった怪異を扱う噺の総称であり、文化・文政（一八〇四―三〇年）のころに活躍した初代林屋正蔵を始祖とする。正蔵は怪談噺を語る際、高座に背景を用意し音曲を入れ、小道具や照明などを使って幽霊役を登場させるといった演出を用いたという。いわゆる道具入り怪談噺である。この幽霊は、駆け出しの落語家が扮したり、または鷗外「百物語」が触れているように、人形を使用したようだ。正蔵の高座については「元祖大道具大仕掛、妖怪ばなし」「化物咄」といった広告が残っている。(4)

山本進によれば、最も狭義の怪談噺は「入り組んだ因縁や凄惨な人殺しの物語のクライマックスで、場内を暗くして扮装した幽霊を出し、怪しげな照明を使ったりして、聴衆を怖がらせたあげくに「はて恐ろしき執念じゃなァ」と、お決まりの台詞で結末と(5)」する。確かに一八八一年三月三十一日付「大阪朝日新聞」の記事には「ハテ恐ろしき執念じゃナアとは怪談咄しの定文句」とある。

一方、同記事は「明治の御代の開化につれうすドロの焼酎火も蒙昧の烟と共に立消えて　今や怪しの物語抔三寸の筆にものするもなかなかに見難かるべし」と続けている。文明開化の波に押されて怪談噺も廃れつつあると言いたいのだろうが、実態はそうでもなかったようだ。ほぼ同時期の新聞記事には、難波新地法善寺内の席で桂文之助が演じる怪談が連日大入り、実入りも多いのは間違いなしということで、打ち上げの際には、総勢十八人の一座全員に別染めの浴衣をこしらえて舟遊びを催す予定とある。(6)

また、先の記事にある「うすドロの焼酎火」は「蒙昧の烟と共に立消え」るどころか、長きにわたって寄席でボヤ騒ぎを引き起こしていた。「人魂の火傷」は、そのときの模様を次のように伝えている。

本所区石原町の寄席梅金では、去る一日より怪談師林屋正輔が登場。素人でも入りやすいように入場料を安くして、それでも芸はたっぷり。なので「味はどうでもいい。嵩があるなら」と欲張る連中が毎晩集まり、始まりの太鼓の音が鳴るのを合図に押し寄せ、詰め込みのありさま。

ことに一昨々夜は土曜日だったので、登場する幽霊も極まりが悪いぐらいの大入り。もちろん真打ちの正輔、ご機嫌が悪いわけがない。やがて中入りも過ぎ、自分の番となる。幕府の加役青山大膳が庄司甚内の娘お菊を斬り殺し、お菊の魂魄がお化けとなって出るところを、大汗をかいて演じる。幻燈を使ってお化けの姿を自分の後ろに写す。そして自分は暗いところに寝転んで、しきりに焼酎火を使う。

ところがどうしたはずみか、火が高座の敷物に燃え移った。言いかけた台詞もどこへやら、あわててトントンと叩き回してみたが、火はあたりに散るばかりで一向に消えない。出方の者が飛んできて、座布団を幾枚もかぶせて何とか火は収まったものの、正輔は左腕を火傷。翌晩からは弟子の正鶴が代わりに出た。それを見て来た人は「幽霊だが少しはお化けがあるかも知れない」(7)

最後の台詞は「お化け」と「オマケ」を掛けたのだろう。正輔を見にいったらオマケの正鶴が出ていたという皮肉だろうか。それはともかく「皿屋敷」を熱演する正輔の奮闘ぶりから、当時の怪談噺の仕掛けがみえてくる。幻燈による幽霊の投射。高座から姿を消す演者。隠れた演者は焼酎火を操って、火の玉を演出する。焼酎火とは、布切れに焼酎などを浸し、それに火をつけたものである。幻燈を使用しているところなどは、なかなかモダンだ。ただし、実際の火を使う以上、どうしても火事の危険がつきまとう。なかなかリスキーな芸である。そういえば、寄席ではこんなボヤ騒ぎも起きていた。

> 赤坂区一ツ木町の寄席万年亭に出勤する怪談師林家正造が一昨夜、大勢の客を前にして例の怪談を始め、おいおい凄味が加わってきた頃合いを見計らって、さらに客を怖がらせようと、雪洞で陰火を出したところ、その火がたちまち後幕に燃え移り、紅の舌を吐いて天井を嘗める大騒ぎになった。客も感心して見ている訳にはいかず、楽屋や席亭の者たちと協力してようやく消し止めたが、この騒ぎでせっかくの怪談も途中で立ち消えとなり、打ち出しの太鼓の音までがドロドロ。(8)

一つ間違えば寄席が全焼するような事態を客も協力して消し止めたというのだから、ひょっとしてみんな場慣れしていたのかもしれない。また「ドロドロ」という太鼓の音は、これから出現するはずの幽霊が、話が立ち消えになって出るタイミングを失ってすごすご退出していく様子を想像させて、ユーモラスでさえある。

さて、この二つのボヤ騒ぎでは、演者が自ら火を操っていた。こうした小道具の操作や幽霊の登場といった演出の部分については、弟子が務めることも多かったようだ。しかし、よりによって弟子が師匠を幽霊役に仕立てたという話がある。しかもその師匠とは、落語の神様と称えられた、あの三遊亭円朝である。円朝に幽霊役を演じさせたのは、二代目三遊亭円橘。円朝四天王の一人に数えられ、人情噺から怪談噺までこなす芸域の広さで知られた。円朝七回忌の法事の日、参会者の面前で倒れ、亡くなっている。それでは少々長くなるが、次に円橘の回想を紹介しよう。

私が落語家になった順序をちょっと申しますと、二十二の歳に初めて焉馬の門に入りまして、明治二年に円朝の弟子となり、同年の五月五日に円橘となり、明治五年五月五日に真打ちになりましたような次第でございます。しかし私はビクビクもので真打ちになりまして、話などは何にもありゃあしません。何にいたしてもそのころの真打ちと申せば、まず人情話をいたさなければ相成らぬ訳で、つまり続き話が出来なけりゃあ、真打ちにはなられません訳でございます。そこで円朝がほんの二日三日の人情話を教えてくれまして、昼間習ったまだホヤホヤを、その晩すぐに高座へかけるという、恐ろしい急がしい思いをいたしましたが、円朝の骨折りはまた大変でございました。

当時両国の長左衛門という寄席に掛ったとき、可笑しいお話がございました。この寄席は、に組の長左衛門という人がやっておりましたもので、ちょうど現今の通運会社のところでございます。そこで私が怪談話をやりまして、円朝が幽霊をするということになりましたが、円朝は宵に人形町の席をスケて、それから長左衛門へやってまいり、私の話の幽霊までするという大骨折りなんでございます。これを思いましても私を引き立ててくれたというものは、ひととおりではございませんでしたよ。

そういたしますと、ある晩の事でございます。いつものとおり私が話をいたしまして、ハテ恐ろしい執念じゃなアか何かをやって、ガラリ明るくいたしまして、お客を驚かせようと思った所、円朝が粟を食ってお客に蹶躓（けつまづ）いて転（ころが）る。途端にへまにもガラリ明るくなりましたから、幽霊の引込みようがない。そのうちお客が怒り出して「ヤイ間抜けめ」などと言って、彼方（あちら）へ突き倒し此方（こちら）へ突き倒し、円朝の幽霊は散々の目にあって、二三ケ所へ擦（すり）むき傷を拵え、這々の体で楽屋へ逃げ込みましたが、随分馬鹿々々しいお話でございます。[9]

よほど人手が足りなかったのだろうか。円橘のほうが円朝より二歳年長とはいえ、幽霊役を買って出た円朝の奮闘ぶりには頭が下がる。それにしても、結びの台詞が終わるや否や明るくされたのでは、幽霊役は隠れようがないだろう。擦り傷程度ですんで、何よりだった。

　この円橘の回想は、怪談噺が夏の寄席の風物詩だったころの雰囲気をよく伝えている。寄席の怪談噺の最盛期は、幕末から明治の前半だったとされる。しかし文明開化の波に洗われ、ろうそくや灯心の明かりが石油ランプやガス灯に、さらには電灯に取って代わられるようになると、徐々に昔日の勢いを失っていった。その端境期は、明治二十年代から三十年代あたりという。[10]さらに明治も終わりごろになると、怪談噺の衰退は誰の目にも明らかだった。次の記事などは、そうした状況を象徴的に物語っている。

柳朝が新式電気応用と、お化けよりもまず嚇（おど）かした看板を芝の井へ揚げると、一方怪談屋の本家本元左龍が同じ芝の川枡亭へ、改良と銘を打って一枚看板を揚げ、どっちが怖いか恐ろしいかと時世にも何もお構いなく大ケレンの競争をはじめ、柳朝が四谷怪談のお岩様という化物屋の独参湯を用い、一方左龍はもうお岩様や小平次でもあるまいと、毎夜読み切りの新物を出している。怪談の比較研究もバカバカしいが見たままを記して見れば、柳朝は到底左龍の敵ではない。新式電気応用を叫んでいるが、左龍も同じく電気を使っている。しかもその方法は、本元だけに使用が巧みだ。ただ早変わりが斯道の大家林家正蔵程の手際でないばかり。柳朝に至っては下廻りを化けさせ、自分は箱机の前に根を生やして電気掛りを勤めながら世迷言を並べている。おまけに段取りも電気も、すこぶる拙劣だ。どっちも好い齢をして、もう怪談でもあるまい(11)。

二人の落語家が同じ芝の異なる席亭で怪談対決とくれば、怪談噺の盛況を紹介する記事かと思うところだ。しかし実際には、むしろこのご時世に何をくだらないことを、という冷笑的なトーンが際立つ。しまいには、いい年齢の落語家がいまどき怪談か、と皮肉る。

この記事に登場する柳朝とは、三代目春風亭柳朝。道具仕立てで演じる芝居噺を得意とした。一方「怪談屋の本家本元」とされる左龍とは、二代目柳亭左龍。怪談噺の宗家、早変わりの元祖怪談師として知られた初代の芸を引き継ぎ、直伝の道具入り芝居噺で人気を得、一年中、それこそ正月から大晦日まで怪談を演じて、怪談噺の第一人者とみなされていた(12)。

そもそも怪談噺はほかの落語の演目とは異なり、派手な演出で耳目を引くジャンルである。しかし、なにぶん道具立てには時間と金がかかる。そのため、特殊な会以外では高座にかけられなかったらしい。しかし左龍は弟子を動員することで道具の使用を極力減らし、衣装の引き抜き、電飾の作動に磨きをかけることで、寄席にはまったという[13]。

左龍の演出は、次のようなものだった。

写真1　8代目林家正蔵による怪談噺の実演。ただしここでは、膝の前の黒塗りの箱はない
（出典：早稲田大学演劇博物館編『没後百年 三遊亭円朝とその時代展』早稲田大学演劇博物館、2000年、17ページ）

黒塗りの箱を膝の前に置く。両脇には黒塗りの箱筒のろうそく立てを配する（写真1）。噺の途中で燈火を消し、場内が暗くなると、正面の箱から赤と青の火が燃える。客が驚いたところで、幽霊に扮した前座が髪をおどろに乱して場内を徘徊する（写真2）。すると間髪を入れずに「ハテ恐ろしき執念じゃなア」で、打ち出しとなる[14]。

この記事における左龍の高座も、同様の演出を用いていると思われる。また、柳朝の演目が旧態依然の江戸怪談であるのに対し、左龍が毎夜読み切りの新物を出していた点は注目していい。彼は明治の散切り物や、ニュース性に富んだ事件なども好んで取り上げたという[15]。左龍は時代の変化を意識して、同時代のトピックを出し物とした。柳朝が「新式電気応用」を強調したのも、浅草などで人気を博していた活動写真を意識したのではないだろうか。両者はともに、時世を踏まえた高座を披露して

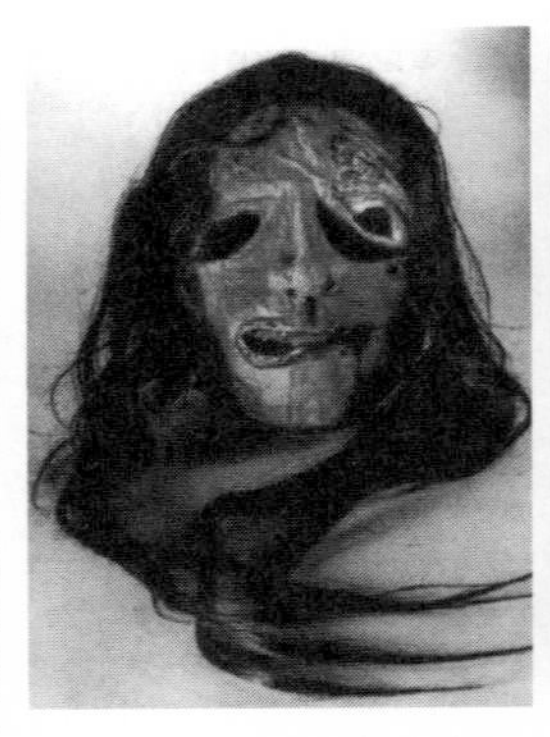

写真2　右は柳亭左龍が使用した「四谷怪談」の化面。左は三遊亭志ん蔵作怪談噺用化面
（出典：同書15ページ）

いた。にもかかわらず、どうにも反応が芳しくない。

怪談師に向けられる冷淡なまなざしは、先の記事だけではなかった。このころの新聞記事のいくつかが、怪談師の落魄を伝えている。「演芸風聞録」（「東京朝日新聞」一九〇九年十月十五日付）には「怪談師の開山林家正蔵も御時節柄とて場末の席へ現れても兎かく継子（ままこ）扱いにされていた」とある。[16] また「演げい風ぶんろく」（「東京朝日新聞」一九一一年八月十五日付）には「怪談師の錦紅（きんこう）も東京は子供にも売れない処から近在を廻って儚い露命を繋いでいたが夫れも思わしからず近頃蒼褪（あおざめ）た顔をして窪んだ眼をきょろつかせながらトボトボと舞戻った姿は怪談其儘とは哀れな始末」とある。この錦紅とは、噺をしながら鳴り物を入れ、早変わりで幽霊にもなるなど、何もかも一人で演じる「ひとり怪談」の創始者・人情亭錦紅の二代目かと思われる。[17]

彼は東京の寄席から締め出され、東京近郊を回ったものの、結果ははかばかしくなかったようだ。ならば怪談師は、さらに地方へ遠征するしかない。例えば、長野県飯田市で生まれ育った一八九七年生まれの老人が、当地を訪れた旅芸人たちを回想した一文のなかに、怪談師も登場している。

同文によれば「どうぞ一晩、怪談をやらせてくれ」と、怪談師が頼みにくる。じゃあ、農休みに怪談でも聞くか、という話になる。会費はみんなでつないで出す。会場は規模が大きな農家。口伝えにお触れが回り、あっというまに会場は満員になる。最初のうちは怖くもない話だが、いよいよ誰かがむごい殺され方をする。「魂魄この世にとどまって、恨み晴らさでおくべきか」と、決まり文句が怪談師の鼻にかかった声色で飛び出すと、五分芯ランプがパッタリ消えて、青い焼酎火がとろとろと燃える。怪談師が髪をおどろに振り乱した鬘をかぶり、妖怪の面を当て、青い焼酎火に照らされながら見物席のなかを右に左に回り歩く。その姿を両親の肩越しに見ていた娘は、思わずキャーッと父にしがみつく……。(18)

東京近郊では苦戦しても、地方ではまだまだ怪談の需要はあったようだ。とはいえ、東京での怪談噺の退潮は明らかだった。明治末期には、怪談噺は主要な寄席で出方の数が制限され、演じられなくなっていた。あの左龍でさえ端席に活路を求めるしかなくなり、いわゆる土手組の芸人たちに交じって怪談噺を演じたという。(19)「演げい風ぶんろく」(「東京朝日新聞」一九一一年九月二十八日付)には、次の一文がある。「怪談師の左龍は昨今下谷山伏町の席に現れ凄みを見せているが近傍の子供の蟇口(がまくち)をはたかせるのだと盛に半札を撒いているようだ、ハラ恐ろしき執念じゃよなア」

時あたかも同時期、文壇では一種の怪談ブームが起きていた。一九〇〇年代から欧米の科学的心霊研究や神智学などの本格的な紹介が始まり、霊に対する関心が高まった結果である。またこの頃には精神主義的な志向のもと、催眠術の流行もあいまって「精神」や「心」をめぐる問題に注目が集まっていた。新聞メディアが、いわゆるご当地怪談をしきりに取り上げるのも一九〇〇年代以降である。[20] こうした動きと連動するかのように「文芸倶楽部」(便利堂)は、〇七年から一四年にかけて、五回にわたり落語や講談の怪談を特集した増刊号を出している。怪談そのものには需要があったのだ。ではなぜ、高座の怪談噺は廃れたのか。

もちろん、明治の終わりごろには寄席の数が激減していたという、外的な要因は無視できない。浅草を中心に新たな大衆芸能が次々に生まれるなか、落語界自体が不振に陥っていた。当時はその原因を「座組の乱雑」にあるとして「変な芸は一切排斥すべし」といった議論もあったようだ。[21] この「変な芸」のなかに、怪談噺が含まれていた可能性は否定できない。

しかし何よりも大きかったのは、高座で語られる怪談と聴衆の認識との落差だったろう。端的に言えば、高座の怪談を支えてきた世界観が時代に合わなくなったのだ。江戸怪談の基盤をなす、仏教的な因果応報の理に基づいた怨霊の祟りの物語は、明治末年の「霊」をめぐるリアリティからは程遠い。過ぎ去った江戸の時代に思いをはせ、ノスタルジックな郷愁を味わうには適していても、[22] そこからリアルな恐怖を感じるのは難しい。焼酎火が飛び交い、幽霊が徘徊して怖がってくれるのは、地方の舞台だけになりつつあった。

一九一四年九月四日付「東京朝日新聞」に「左龍病む」なる記事がある。「柳派の怪談師柳亭左龍は下谷区御徒町三の二十自宅に病み門人等詰切り看病し居れりと」。この翌日、二代目柳亭左龍、逝去。こうして江戸の流れを受け継ぐ生粋の怪談師は、姿を消した。

3　そして、現代の怪談師へ

現代の怪談師は、明治のそれとは根本的に異なる。まず、出自が違う。明治の怪談師とは、怪談噺を専門に語る咄家をさす名称だった。もちろん現代でも落語家や講談師は怪談を語るものの、自ら怪談師を任じている者はいない。また、現代の怪談師が語るのは落語の演目ではなく、いわゆる実話怪談である。したがって「はて恐ろしき執念じゃなァ」といった定型的な台詞も存在しない。そして、稲川淳二のような一部の例外を除き、音曲や小道具、照明などの演出をほとんど用いない。

現代の怪談師が注目され始めたのは、二〇一〇年前後とされている。吉田悠軌によれば、二〇〇〇年代に各地で個人的な営みとして催されていた怪談会や怪談イベントが、一〇年代になって一気に「面」になって拡大したという。大手メディアが実話怪談をコンテンツとして取り上げ、「怪談グランプリ」「怪談最恐戦」などのショーレースが始まった。また音声配信や動画配信といった、怪談を披露する新たな場が生まれた。これらのメディアを利用して、数多くの怪談師が活動を始めた[23]。

先に触れたとおり、現代の怪談師が語る話は、ほぼすべて「実話怪談」である。これは、一九九〇年代に始まる実話怪談ブームと無縁ではない。実話怪談について、吉田は「不思議な体験をした人から取材した体験談[24]」と定義している。そもそも怪談という語りの形式自体「ほんとうにあったこと」という事実性に立脚したものなのだが、実話怪談はその「実話」性をより強調する。

とはいえ、個人の体験を取材してまとめる以上、彼らが披露する実話怪談には、情報の整理や表現の整除といった編集作業が介在する。それは「声」を「文字」に変換する作業でもある。実話怪談は、事実そのもののルポルタージュでも完全な虚構でもない。そのはざまに位置する「作品」であり、だからこそ「実話」にもかかわらず、怪談作家たちのオリジナリティが問われるのである。

一九九〇年代の実話怪談ブームを主導したのが『新耳袋』（一九九〇年、一九九八―二〇〇五年）と『「超」怖い話』（一九九一―二〇〇〇年、二〇〇三年―）の両シリーズだったことは、よく知られている。飯倉義之は、この時期からジャンルとして成立していった実話怪談の文体の特徴を「生の体験を説明抜きで提示する」点としたうえで「怪談の送り手が意味づけをあえてせず、事実をそのまま読者へと投げかけようと試みる、いわばコミュニケーション型の怪談といえる。それは当時、黎明を迎えつつあったインターネット上でのコミュニケーションとも相似形だったといえる[25]」と指摘している。「声」の生々しさをそのまま再現しているかのように感受させる文体である。

このように、実話怪談は「声」と「文字」の垣根が低い。だから、実話怪談の語り手と書き手は距離が近い。しばしば実話怪談は、日常的な会話の延長にある「話す」ような文体で書かれる。それは見方を変えれば、「話す」ことと「書く」ことが相互乗り入れ状態にあることを示している。実話怪談作家が怪談師としても活躍するケースが多いのは、このあたりの事情と関わっているように思われる。

さらに二〇〇三年あたりから、まとまった数の実話怪談本が定期的に出版されるようになる。

「超—1」（竹書房）や「『幽』怪談実話コンテスト」（メディアファクトリー）など、出版社の側が新たな怪談作家を養成するためのコンテストを始めたことは、大きな意味をもつ。実話怪談の文体になじんだ読者が自ら作家になり、もしくは怪談師になるというルートが確立することで、怪談共同体ともいうべき場が一気に拡大し、活性化したからである。

この一連の流れは、江戸時代の「座」を核とする怪談文化の復興を想起させる。現代の怪談イベントでは、車座になった参加者が雑談からスタートし、機を見計らって「ではそろそろ……」と怪談を始めるパターンをしばしば見いだす。これは、百物語の型を踏まえた演出だろう。思えば落語の道具入り怪談噺も、素人（しろうと）が集まって披露していた怪談を核として、そこに歌舞伎などのエンターテインメントの要素を取り入れたものだった。

ならば現代は、寄席の高座とは異質な複数のメディアにおいて、個々のメディアの特性を生かした語り方が可能になった時代といえる。かつては自明視されていた因果応報の理を無効化し、実際に起きた事柄を淡々とシャープに描く実話怪談のスタイルは、共同体が崩壊しつつある現代ときわめてマッチしている。しかし稲川淳二の怪談語りは、どこかノスタルジックな感覚、「田舎（いなか）」や「故郷」といった原風景の記憶を呼び起こす。[26] また「実話でも古典でも創作でも——怪談師は常に「話」と「語り」の違いを考えることを第一としましょう」「怪談師は怪談に対する知識を持たねばなりません」[27] と主張する怪談社の上間月貴の語りは、古典的な型を強く意識している。

吉田悠軌は怪談語りのスタイルを「カジュアル」と「シアトリカル」に分類し、前者を「日常会話の延長としての「型」のない個人のしゃべり方」、後者を「伝統芸能または近代演劇など、個人を超えた大きな文化の「型」に則ったしゃべり方」としたうえで、二〇一〇年代半ば以降「それまでカジュアルなしゃべり方しかなかった実話怪談業界で、だんだんシアトリカルなしゃべりを行うプレイヤーが目立つようになってきた(28)」と述べている。多様な語りの試みが、新たな世界、新たな「型」を生み出しつつあるのだ。

いま明治の怪談師は、意外な形で復活を狙っているのかもしれない。

注

(1) 例えば、問乃みさき『27時の怪談師』（〔角川ホラー文庫〕、KADOKAWA、二〇一九年）、最東対地『カイタン 怪談師りん』（〔集英社オレンジ文庫〕、集英社、二〇二一年）、編乃肌『百物語先生ノ夢怪談――不眠症の語り部と天狗の神隠し』（〔ファン文庫〕、マイナビ出版、二〇二一年）など。

(2) 春のやおぼろ「牡丹燈籠序」、三遊亭円朝演述、若林玵蔵筆記『恠談牡丹燈籠』所収、東京稗史出版社、一八八四年。なお引用は興津要編集、三遊亭圓朝／朗月散史／岡鬼太郎『三遊亭圓朝集』（〔明治文学全集〕第十巻）、筑摩書房、一九六五年）による。

(3) 森鷗外「百物語」「中央公論」一九一一年十月号、反省社。なお引用は東雅夫編『文豪怪談傑作選 森鷗外集 鼠坂』（〔ちくま文庫〕、筑摩書房、二〇〇六年）による。

(4) 橘左近『東都噺家系図』筑摩書房、一九九九年

(5) 山本進「はじめに」、山本進編、一龍斎貞水／林家正雀口演『怪談ばなし傑作選』所収、立風書房、一九九五年

（6）「大阪朝日新聞」一八八〇年八月十二日付
（7）「人魂の火傷（やけど）」「東京朝日新聞」一八九三年四月十一日付。なお本文は、適宜現代日本語の表現に改めた。以下の新聞記事の引用も同様である。
（8）「怪談師火をあやまつ」「東京朝日新聞」一八九七年八月十八日付
（9）「落語家の裏面（二十二）」「東京朝日新聞」一九〇〇年十二月二十五日付
（10）前掲『怪談ばなし傑作選』
（11）「演芸風聞録 中 怪談の競争」「東京朝日新聞」一九〇九年四月二十一日付
（12）前掲『怪談ばなし傑作選』
（13）前掲『東都噺家系図』
（14）「明治新政の落語界」、早稲田大学演劇博物館編『没後百年 三遊亭円朝とその時代展』所収、早稲田大学演劇博物館、二〇〇〇年
（15）諸芸懇話会／大阪芸能懇話会編『古今東西落語家事典』平凡社、一九八九年
（16）なお、この正蔵は五代目。彼の代から「林屋」は「林家」になった。
（17）前掲『怪談ばなし傑作選』
（18）小林孤竹「旅芸人のいろいろ」「伊那」一九八九年一月号、伊那史学会。なお同文は、小林孤竹「飯田の今昔」（「南信州新聞」一九六二年二月八・九日付）からの転載。
（19）前掲『古今東西落語家事典』
（20）この点について詳しくは、一柳廣孝『怪異の表象空間——メディア・オカルト・サブカルチャー』（国書刊行会、二〇二〇年）を参照。
（21）鬼太郎「演芸当座帳」「文芸倶楽部」一九一三年十一月月号、便利堂

(22) 例えば「演芸風聞録」(「東京朝日新聞」一九〇九年二月二十一日付)には、落語鼇碌会なる団体が林家正蔵に「お古い所の怪談ばなしをさせて例の遠寺の鐘がボーン途端に雨がポッーリポッーリという物凄い所をやらせるのだとは頗る洒落ている」とある。

(23) 吉田悠軌『一生忘れない怖い話の語り方——すぐ話せる「実話怪談」入門』KADOKAWA、二〇二一年

(24) 同書二四ページ

(25) 飯倉義之「怪談の文法を求めて——怪談実話／実話怪談の民話的構造の分析」、一柳廣孝監修、飯倉義之編著『怪異を魅せる』(「怪異の時空」第二巻)所収、青弓社、二〇一六年、二五五—二五六ページ

(26) なお、稲川怪談の特質については、稲川淳二／平山夢明『怖い話はなぜモテる——怪談が時代を超えて愛される理由』(情報センター出版局、二〇〇八年)、京極夏彦／稲川淳二「思いやりと気配の怪談」(「幽」第十二号、メディアファクトリー、二〇〇九年)、稲川淳二『稲川淳二の恐いほど人の心をつかむ話し方——心に残る、響く、愛されるための38の方法』(ユサブル、二〇一九年)などを参照。

(27) 伊計翼『怪談師の証 呪印』(竹書房文庫)、竹書房、二〇一九年、四五、九七ページ

(28) 前掲『一生忘れない怖い話の語り方』一八〇—一八一ページ。なお中山市朗は、現代の怪談語りのスタイルとして、しゃべり型・レポート型怪談(自分の体験や知人の体験談をストレートに語るスタイル)、語り怪談(主体を消す語り)、劇的怪談(語り怪談に演劇的な要素を加えたもの)の三つを挙げている。中山市朗「怪談師、語りの三つのパターン!」「中山市朗ブログ」(http://blog.livedoor.jp/kaidanyawa/archives/2018-02-15.html)[二〇二一年三月十四日アクセス]

第4章 「意味が分かると怖い話」とは何か

――「似ている話」を探して、作って、読み換える、遊び

永島大輝

1 本章で「意味が分かると怖い話」について考えていく道筋

こんなコピペがある。[1]

「どっかで聞いた話なんだけど。なんか友人から聞いたらしい話で[2]宗教入ってる知人の家族と夕食とることになったんだと。それが焼き肉なんだけど肉は何なのか言ってくれない。人の肉かも、と思って食べたら違ったって。結局何の肉だったんだろう?」という短いものだ。

この話のなかで「人の肉かも、と思って食べたら違った」に着目してよく考えてみると、「その友人は人の肉かどうかわかるということは人の肉を食べたことがある」ことがわかる。だから「怖い」と感じるのだ。

あるいはこんなコピペもある。

ある地方の女子大生が東京の大学に進学が決まり、東京に一人暮らしする事になりました。とあるマンションで生活を始めているうちに、ある日部屋に小さな穴があいてるのに気づきました。その穴は隣の部屋に通じていて、なんだろうと覗き込みました。すると、穴の向こうは真っ赤でした。（略）いつ見ても赤かったので、隣の部屋が気になる女子大生はマンションの大家に聞いてみることにしました。

「私の隣の部屋にはどのような人が住んでいるんですか？」

大家は答えます。

「あなたの隣の部屋には病気で目が赤い人が住んでいますよ。(3)」

何となく気味が悪い話だがよく考えると、いつ見ても赤いということは、隣人はずっとその赤い目でこちらの部屋をのぞいていたという恐怖が生まれる。

これらはすべて「意味が分かると怖いコピペ」や「意味が分かると怖い話」（以下、言葉の初出や作品名の箇所を除いて略称の「意味怖（いみこわ）」を使用する）(4)と呼ばれて遊ばれたものだ。「意味怖」はネットから広まり、ネット上や口承はもちろん児童書や漫画などにもなっている。しかし、ほとんど研究されず、特に定義もされないまま放置されてきた。「意味怖」とはどういうものといえるのか、また人々はどのように「意味怖」を楽しく受容、あるいは作り出して遊んでいるのかという問題に迫りたい。

まずは「意味怖」の発生の歴史を述べ、民俗学や口承文芸研究でおこなわれてきた「似ている話」を探すことにする。「意味怖」は、多様な話があり内容からの定義は難しいが、「似ている話」で考えてみると多様な元ネタを見つけることができる。そこから「似ている話」を作って投稿しようという動きもうかがえる。

そして、同じく民俗学や口承文芸研究で人の認識や場の力学を捉えるために使用されてきた術語「話群」を用いて考察し、どういう遊び方がなされているのかについて言及する。具体的には、「意味怖」という場で語ることで、あらゆる話は「意味怖」にされてしまうことを確認する。そして「意味怖」だけでなく、さらに自由に話の文脈を読み替えて遊んでいる事例をみていく。

2 「意味怖」の歴史

二〇〇九年、「意味が分かると怖い話」という言葉は「2ちゃんねる掲示板」から生まれたようだ。根拠としては、「Googleトレンド」[5]で検索すると、「意味が分かると怖い話」の語が検索され始めたのは、〇九年三月二十二から二十八日である。[6]「意味が分かると怖いコピペ」のほうが少し前で、〇九年三月十五日から二十一日だった。つまり、だいたい〇九年の発生らしい。このなかで最も日付が早い〇九年三月十五日には、「意味がわかると怖いコピペ貼ってけ」[7]というスレッドが立っている。現時点ではこれが確認できる初出である。

ただし、「意味が分かると怖いコピペ」以前にも「2ちゃんねる掲示板」で、似たような書き込みや、コピペで遊ぶスレッドはあったようだ。二〇〇七年ごろから「じわじわ来る怖い話」などのスレッドが作られ、同じようなコピペが貼られて意味を考察したり、教え合ったりする遊び方をしていた。ほかにも〇八年ごろ「意味深なコピペ」などとして似た遊びはされていた。[8]

しかし、これらのなかの「意味が分かると怖い話」だけが有名になった。「じわじわ来る怖い話」などは、「2ちゃんねる掲示板」の熱心な読者以外には知名度は低い。動画配信サイト「ニコニコ動画」の「ニコニコ大百科（仮）」[9]には「意味が分かると怖い話」のページがあるが「じわじわ来る怖い話」などは立項されていない。同様に、イラストや小説を投稿できるサイトの「pixiv」でも「意味が分かると怖い話」だけがある。[10]

「意味が分かると怖い話」だけが今日隆盛しているのは、「2ちゃんねる掲示板」以外でも、その語が広がったことが大きいだろう。「ニコニコ動画」はもちろん、小説投稿サイトやブログにも投稿されているし、「mixi」や「Twitter」（bot がいくつもある）や「TikTok」や「YouTube」でもコピペやそれをもとにした動画などが見つかる。[11]

二〇一八年以降になると、ネットから生まれた「意味怖」が商業展開されている現状がある。「意味が分かると怖い話」やそれに類似したタイトルの児童書が各社から出版され、ウェブサイトでライターによる連載も続いている。[12]ただし、メジャーになるにつれ、初期の掲示板のように複数の答えが出たり、解釈が不可能とされたりすることがなくなって、一つの答えが求められるようになっていく傾向がある。商業出版のものを確認すると決まりきった一つの答えが付いている。このためにネットを介したものとは別の遊び方ともいえる。

しかし、「意味怖」はほとんど研究されてこなかった。[13] そのため「意味怖」の定義もなされないままである。[14] 現在、前掲の「ニコニコ大百科（仮）」にとりあえずの定義はあるが、現実には当てはまらないものが多い。

「ニコニコ大百科（仮）」の定義では、「①直接文章の作者に質問しなくても、読めば真相が論理的に理解できる。または真相を理解した人間からの説明でも理解出来る。②「犯罪」「オカルト」「サイコ」「不思議」のいずれか要素を含む内容である。（「恐怖」の定義は困難であるため、ジャンルとしての前提）③所謂「不幸の手紙」系統のものでは無い。④人によってどの話が怖いのかは個人差がある為、一概に「この話は絶対に怖い」ということはない。⑤原則としてコピペであること」とある。

しかし、①はきちんと成り立っていないものも多い。後述する「井戸」などは読んでも真相は推理しにくい。解釈不能なものや、答えが分かれるものもある。

②にも例外が多い。同じく「ニコニコ大百科（仮）」に「今日九千八百円で買ったイヤホンが壊れた。大音量で聞いていたせいかいきなり途切れやがった。くそ。九千八百円もしたのに。腹が立って四十五万円のプラズマテレビを叩きつけた ハッと我に返りあわてて壊れていないか確認した。画面が映る。良かった。と思ったら音が出ない くそ。四十五万円のプラズマテレビも壊れてしまった。それにしても今日は静かだな 気晴らしに散歩にでも行こう。」と書き込まれている。この解

釈といえば、急に耳が聞こえなくなってしまったということだが、②には当てはまらない。
③は「他人に拡散しないと不幸になる」という類いのものではないということだろうが、「意味怖」の定義にはなっていない。
④も同様に、定義にはなっていない。
そして⑤は、当初コピペが中心だったころの名残だろうが、実際には新作も作られコピペに限られてはいないようだ。

3 内容から検討するために、「話型(わけい)(似ている・同じ)」について考える

まずどういう話が「意味怖」といえるのか、「意味話」として投稿された話を「似ている話」[15]としてくることを考えてみる。全体の傾向や元ネタを探すためには、「同じ話」「似ている話」を見つけることが基本だ。口承文芸研究や民俗学では、物語と物語の相互関係によって「似ている」と思わせる話を同じ「話型」と呼ぶが、その手法を使いたい。[16] さっそく動画サイトやSNS(会員制交流サイト)やまとめサイトなど複数の場所でよくみられる「定番」の「意味怖」から「話型」を考えてみる。

まずはこの方法で、元ネタを見つける。「似ている話」、つまり同じ「話型」のものをそれ以前の小説などに見つければ、それが元ネタだろう。

「意味怖」の有名なものに、「井戸」などと呼ばれる次の話がある。

妹を殺した、井戸に捨てた次の日死体は消えた友達を殺した、井戸に捨てた次の日死体は消えた女を殺した、井戸に捨てた次の日死体は消えた上司を殺した、井戸に捨てた次の日見死体は消えた母が邪魔なので殺した、井戸に捨てたいつまでも死体はそのままだった。(17)

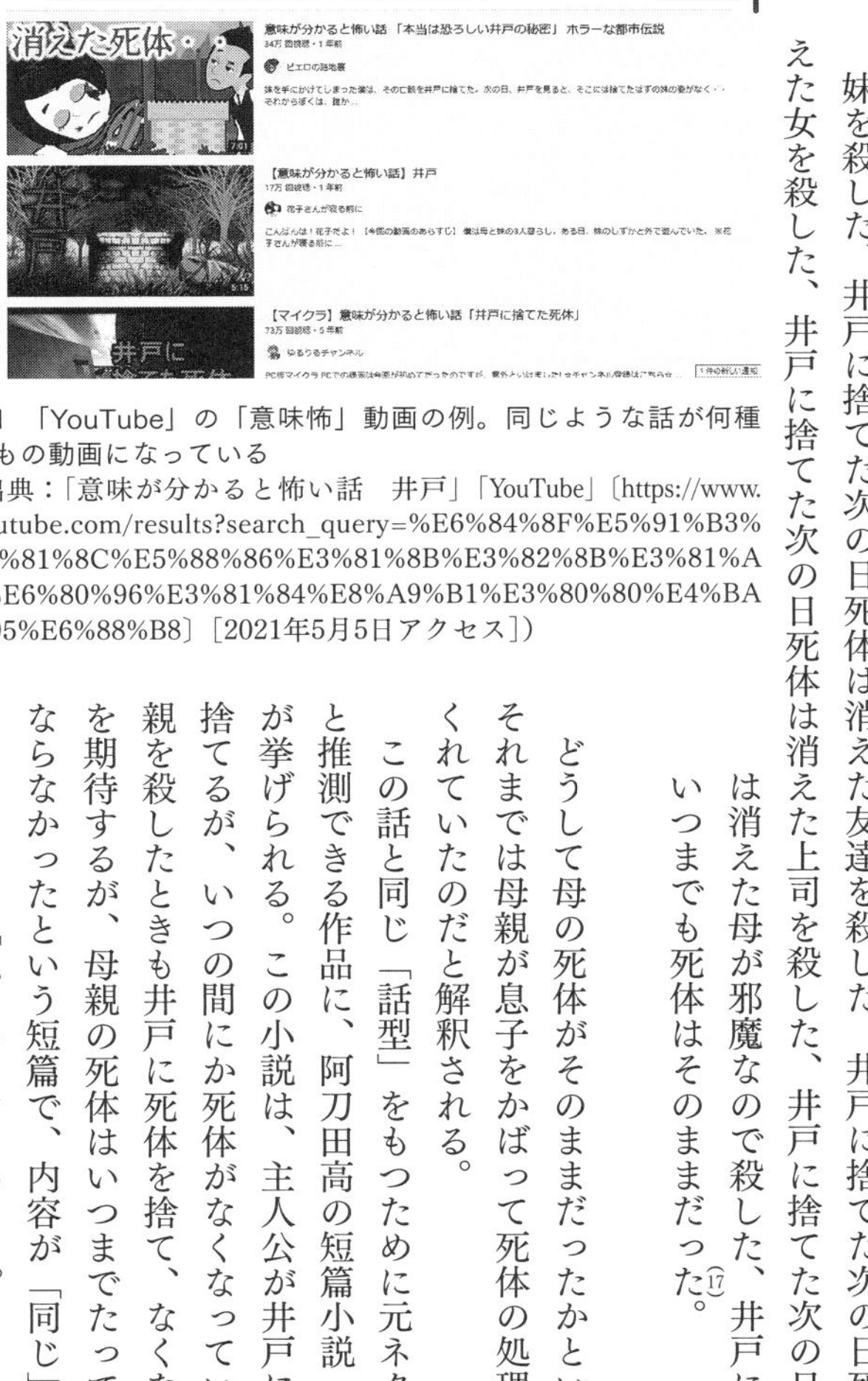

図1　「YouTube」の「意味怖」動画の例。同じような話が何種類もの動画になっている
（出典：「意味が分かると怖い話　井戸」「YouTube」〔https://www.youtube.com/results?search_query=%E6%84%8F%E5%91%B3%E3%81%8C%E5%88%86%E3%81%8B%E3%82%8B%E3%81%A8%E6%80%96%E3%81%84%E8%A9%B1%E3%80%80%E4%BA%95%E6%88%B8〕［2021年5月5日アクセス］）

どうして母の死体がそのままだったかというと、それまでは母親が息子をかばって死体の処理をしてくれていたのだと解釈される。

この話と同じ「話型」をもつために元ネタだろうと推測できる作品に、阿刀田高の短篇小説「迷路」(18)が挙げられる。この小説は、主人公が井戸に死体を捨てるが、いつの間にか死体がなくなっている。母親を殺したときも井戸に死体を捨て、なくなることを期待するが、母親の死体はいつまでたってもなくならなかったという短篇で、内容が「同じ」あるいはとてもよく「似ている」といえる。

元の「迷路」は推理するための小説ではないので、なぜ死体が消えなかったのか読者が推理することはできない。私はその小説を高校生のときに読んだことがあったため、大学生のころ（二〇一二年くらい）にこの話を後輩が「意味が分かると怖い話」としてクイズのように出してきたときには、せっかくの名作が台なしになっているなと感じたし、推理不可能ではないかと不満を感じた。

このように小説に限らず、「ウミガメのスープ」のようなクイズやブラックジョーク、落語（例：『蛇含草』）、都市伝説（例：「山小屋の怪」[19]）、ときにはコピペの怪文章（例：「ナポリタン」[20]）などをそのまま「意味怖」として掲示板に投稿することも多い。そのため、「意味怖」に投稿された話の全体には共通するモチーフや配列はなく、基本的に「似ている話」とは思えないのだ。[21]

では、もう少し大きなくくりで「話型」を見つけるとどうだろうか。例えば、「駄じゃれの話型」と捉えてみる。条件はもちろん駄じゃれが使用されていることだ。例を挙げると、勤務先の中学校で生徒がネットの動画で見たという「意味怖」をしていたが、「ふられた男が、悩んで、山に足を運んだ、頭を抱えた」というものだった。実はこれは男が山に出かけたり悩んでいるのではなく、[22]殺人を犯して、山に殺害した相手の足を運んだり、その死体の頭を抱えていたという話で、「意味怖」では有名なものだ。この結論を伝えたときには、駄じゃれの面白さからだろうが、周りの生徒から笑いが起きていた。[23]次のような例もある。

「おじいちゃんが死んだら、お父さんとお母さんと一緒にかなしんでくれるかい？」

と言った。女の子は

「うん……でも死んじゃいやだよ」

とつぶやいた。(略)

一か月後、ある記事が新聞の隅に載った。

一部抜粋すると

「一家心中、動機は全くの不明。

女の子の名前は斉藤加奈ちゃん」[24]

おじいちゃんが言ったのは「悲しんでくれるかい」ではなく、「加奈、死んでくれるかい」だったのだ。

「話型」を意識すると新作が作りやすい。「「おじいちゃんの好きな食べ物はなんですか?」「ゆでたまごです」「じゃあゆでたまご以外で好きな食べ物はなんですか?」「ゆでたまごです」」という「ゆで卵と茹でた孫」を掛けた話などは駄じゃれが思いつけば無数に創作できそうだ。[25] こうして「似ている」ところを発見して新作を創作しているのだろう。むしろ、作り手が「似ている話」を認識しなければ、多数の新作を作ることは難しいだろう。実際に児童書の「意味怖」の本でも見たかぎりでは必ずこうした駄じゃれが使用された作品が(著作権の関係だろう、作られて)載っている。また、児童書の『意味が分かると怖い話』を読むと、落ちが「語り手が死んでいる話」が何本も書かれているなど「似ている話」が創作しやすいことがわかる。[26]

4 「意味怖」という場で語られた話が「意味怖」である

次に話の内容ではなく、話の群れ、つまり「話群」として捉えることにする。「話型」が「似ている」かどうかによって判断されたものなら、「話群」とは「話型」をも含めた文脈によって一つのまとまりとみなされた話である。[27] 場あるいは内容においてつながりを得た話は、みな同じ「話群」だといえる。

当然、「話群は固定された話の総体ではなくて、それを形成する話は随時組み替えられる[28]」ものになる。実際に話を聞けば、場において緩やかに似ている部分をもつことによってつながったいくつかの話が自然な流れで聞くことができることがある。そうした一連の話が民俗学では「話群」として捉えられてきた。[29]「話群」から場の力学を捉えようという研究もある。[30]

そして「意味怖」とはその内容ではなく、「意味怖」の場で語られるかどうかによって規定されると定義できる。根拠としては、先の「井戸」などをみれば、内容は変えずに「話群」に組み込まれたことで（要するに「意味怖」としてネット上に書き込まれたことで）、「意味怖」になったのだ。内容ではなく、場によって決まるとすれば、聞き手（読み手）にとっては話し手に「意味が分かると怖い話」です、と言われたものはすべてどんな話でも「意味怖」になる。

ある話が別の「話群」へ移動することによって別の遊び方をしている例をさらに挙げたい。文脈を変えることでその話の楽しみ方が変わるという例だ。文脈は意図的に変わることもあれば、無意識のこともある。

まず、「心理テスト」という話群があった。ここでの「心理テスト」というものも科学的な根拠はない遊びで、都市伝説の一つとも呼べるだろう。「心理テスト」は、以下にお笑いコンビ・ダイノジの大谷伸彦（現・ノブ彦）がエッセーで二〇〇二年に紹介していたものを引用する。知らない方は遊ぶつもりでやってみるといいかもしれない。

例えばお父さんとお母さんと息子が一人います。突然お父さんが事故で亡くなりました。残された家族は不安です。その日の葬式にお父さんの同僚がやって来ます。そんな大変な状況でお母さんは不謹慎にもその人に一目惚れしてしまいます。そして次の朝、そのお母さんがとった行動とは自分の一人息子を殺害するというものでした。

さてそれはなぜでしょう。(31)

というものだ。続いて回答を引用する。

（略）あぁ最初の心理学問題ね。これ実は警視庁が殺人を犯した人に出す心理学らしい。なぞなぞじゃないから答えなんてない。ただ直感で〝邪魔だから〟って答えた人は所謂常識人なんだって。大半の人間はそう答えるらしい。ところが日本の犯罪史上二人だけ全く同じ答えを言った。それが□□と□□〔引用者による伏せ字〕である。彼らは何と答えたか？　ポツリと「会えるから…」と答えたそうである。そう、その日の葬式でもう一度会えるからと答えたのである。いやー凄いね。俺の書き方が正しければここはとても怖いはず。[32]

いうなれば「愛しい人に逢うために罪を犯す話型」である。この話は桜庭一樹の小説『砂糖菓子の弾丸は打ちぬけない』[33]でも「当たったらヤバイクイズ」として登場するので、さらに有名になったのだろう。桜庭の小説が出たのは二〇〇四年だが、のちに対談[34]で大谷が書いていた話が元ネタと明かしている。このように様々なルートでこの話は伝播していたようだ。

　この類いの「心理テスト」は現在ネット上にもたくさんあり、「サイコパス診断[35]」などとも呼ばれて一つの「話群」を形成している。[36]ほかの「サイコパス診断」の例を挙げると、「あなたには恨んでいる相手が居ます。あなたは相手の家に忍び込み、その人を殺害しました。その際、無関係なその家の子供とペットも殺害しました。なぜでしょうか？」というものがある。答えとして、「一般的な回答例　顔や現場を見られた、ペットが騒いだら面倒だったから」に対し、「サイコパスの回答例」は「あの世で再会させてあげようと思ったから[37]」だという。

　これらの話が「意味が分かると怖い話」の「話群」に入れられて遊ばれることがある。「mixi」での「意味が分かると怖い話」コミュニティに二〇一二年三月二十一日、「ある友人から聞きました。ある夫婦がいました。今日は夫のお葬式 近所の方々も来てくれました。そのとき妻はある男性に恋をしてしまいました。その次の日、妻は息子を殺しました[38]」と投稿された。コメント欄には

「テストのやつ」というコメントがあるが、「サイコパス診断」や「心理テスト」のことだろう。同様の話は、一二年四月十八日にも別の人が投稿している。(39)「意味が分かると怖い話」として投稿されることで「話群」が変わり、「心理テスト」から隠された意味を考える話へと読者の認識は変わる。楽しみ方としては、なぜ犯人はそんなことをしたのかという推理小説の「ホワイダニット（意外な動機）」に近くなる。(40)自分がサイコパスかどうかを確かめるという遊びは消えたのだ。このように同様の話が、あるときは「「心理テスト」の話群」になり、あるときは「「意味怖」の話群」に入れられている。話の内容はそのままに社会的な文脈が置

図2　日常描写が多い漫画でも、本章で取り上げたような「心理テスト」で遊ぶ描写がある。広く浸透している遊びといえるだろう
（出典：萩原天晴原作、上原求／新井和也漫画、福本伸行協力「1日外出録ハンチョウ」「週刊ヤングマガジン」2021年7月26日号、講談社、42ページ）

き換えられて発信されていくのだ。

5　心理テストは八百屋お七の夢を見るか？——「話群」の置き換えは「意味怖」に限らない

もちろんこうした「話群」から「話群」への移動は「意味怖」に限らない。例えば、先の「心理テスト」の話は、近年では愛しい男に会うために放火をした「八百屋お七」が元ネタとされる言説がよくある。「心理テスト」と「八百屋お七」が同じ話の流れで取り上げられ、つまりは同じ「話群」で次のように語られてしまう。

都市伝説「心理テスト」の元ネタは、江戸時代の放火事件を題材に描かれた『八百屋お七』の話です。これは江戸前期に起こった実際の放火事件とされていますが、詳細は不明です。しかし現在でも、歌舞伎や浄瑠璃の演目として語り継がれています。[41]

元ネタや「似た話」を探す行為は、研究以前に誰もが無意識化におこなう楽しい遊びである。厳密にみれば、伝承としての因果関係は立証できない。むしろ元ネタである可能性は低いだろう。本来、八百屋お七は悲恋の女性、あるいは狂乱の哀れな女性とされていたはず[42]で、決して、「サイコパス」のように、冷酷な犯罪者として楽しまれたものではない。

しかし、この場において「お七」は「愛しい人に逢うために罪を犯す話型」を見いだした現代の人々によって、「サイコパスの話群」に入れられてしまう。愛しい人に会うために放火をしたとされる八百屋お七と、好きな人に会うために子どもを殺して葬式をおこなう人の話が「似ている」と認識されることで同じ場で語られるようになる。「似ている」をもとに、社会的な文脈が変えられる。[43] このように「話型」を見つけて「話群」を作る考察という遊びが生まれていることを指摘できるだろう。

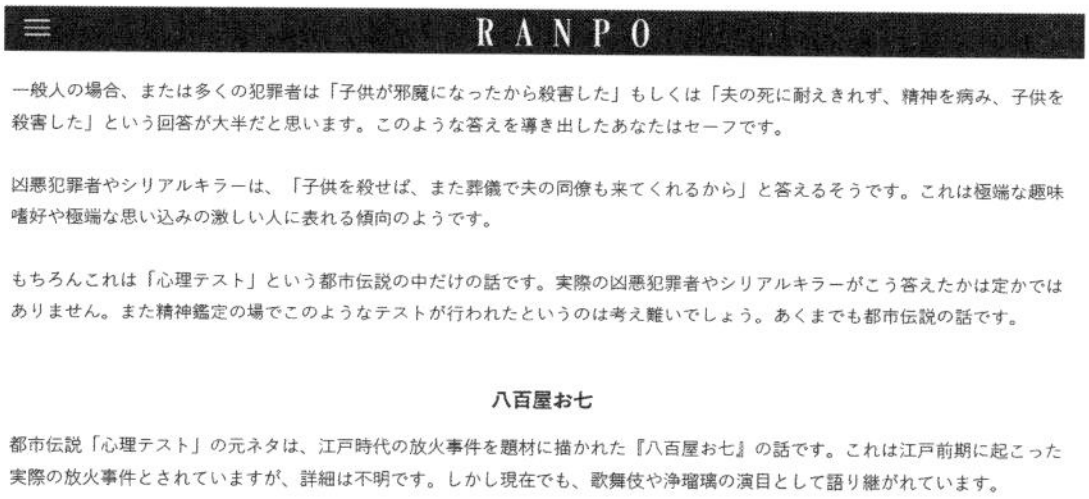

RANPO

一般人の場合、または多くの犯罪者は「子供が邪魔になったから殺害した」もしくは「夫の死に耐えきれず、精神を病み、子供を殺害した」という回答が大半だと思います。このような答えを導き出したあなたはセーフです。

凶悪犯罪者やシリアルキラーは、「子供を殺せば、また葬儀で夫の同僚も来てくれるから」と答えるそうです。これは極端な趣味嗜好や極端な思い込みの激しい人に表れる傾向のようです。

もちろんこれは「心理テスト」という都市伝説の中だけの話です。実際の凶悪犯罪者やシリアルキラーがこう答えたかは定かではありません。また精神鑑定の場でこのようなテストが行われたというのは考え難いでしょう。あくまでも都市伝説の話です。

八百屋お七

都市伝説「心理テスト」の元ネタは、江戸時代の放火事件を題材に描かれた『八百屋お七』の話です。これは江戸前期に起こった実際の放火事件とされていますが、詳細は不明です。しかし現在でも、歌舞伎や浄瑠璃の演目として語り継がれています。

図3 「心理テスト」と「八百屋お七」について語るウェブサイト
(出典:「日刊 Ranpo」〔https://ranpo.co/article/6442664376808771585?page=2〕［2019年12月18日アクセス］)

6 「意味怖」から「眼前の事実」を探るための覚書

「意味怖」に限らず、文脈の力である物語を「怖い話」にしたり、「似た話」を自由気ままに考察している営みは日常的にある。アンソロジーを編むことで独立していた作品が別の読み方をされたり、あるジャンルの作品が別の場で評価されることもあるだろう。「話型」によって創作をしたり、「話群」の組み替えによって話で遊ぶこともよくあるだろう。ラジオで、雑誌で、新聞で、ネットで、テレビで、募集しているテーマに合わせて「似ている話」が投稿される。ジャンルというほどはっきりしたものにはならないような「話群」で、多くの人が遊んでいることも「眼前の事実」として考えていくことができるだろう。

「眼前の事実」として、「意味怖」という「話群」にすることで聞き手もそれを聞く構えができあがるのだなと思った体験があるので記す。私が勤務している中学校の休み時間、男子生徒たちが机の周りに輪になって集まっていた。サッカー部でおしゃべりなある生徒が「意味がわかると怖い話をしまーす!」の宣言[44]のあと、「怖い番組を見て風呂に入った、で、怖くなって風呂から出て部屋が真っ暗なので電気をつけた」と話す。「え、それってどういうこと」という周りの反応。部屋の電気を消さずに風呂に入ったが出ると消えていたので部屋に誰かほかの人がいたという落ちなのだろうが、さらに説明するも、うまく伝わらない。周りから「つまんねー」などのリアクションがあったが、全員がその話に隠された意味を探そうとしたり、文句を言うことで楽しんでいた。「意味怖」であると宣言してからしゃべることで、聞き手も考えざるをえない。話としては失敗でも、遊びとしては成功だ。「意味怖」という事例から、話の受容のされ方や創作についても考えることができる。ひいては、人々のコミュニケーションについて考えることにもつながるはずだ。

注

(1) コピペとは、コピー・アンド・ペースト(貼り付け)の略。また、コピーされペーストされるテキストをさしてコピペともいうようになっている。この場合は後者。本文のコピペは、「ニコニコ大百科（仮）」の「意味が分かると怖い話」項目の④の「肉」という話。七十話以上のコピペがまとめられ、掲示板にはいまなお新作の書き込みがある。「意味が分かると怖い話」「ニコニコ大百科（仮）」（https://dic.nicovideo.jp/a/%E6%84%8F%E5%91%B3%E3%81%8C%E5%88%86%E3%81%8B%E3%82%8B%E3%81%A8%E6%80%96%E3%81%84%E8%A9%B1）［二〇二一年五月五日アクセス］

（2）誰かから聞いた話として実話風な装いがなされている。「意味が分かると怖い話」がメジャーになるにつれて、こうした傾向は弱まる。

（3）前掲「ニコニコ大百科（仮）」の「意味が分かると怖い話」項目の⑧「赤い部屋」。

（4）「意味が分かると怖い話」は長く煩雑になるので略した。ただし「意味怖」の略称も、字数が制限される「Twitter」のハッシュタグなどでは自然発生的にみられるようになっている。

（5）「Google トレンド」は、Google 検索によってある語がどのくらい検索されているかをグラフで表示してくれるサイト。ただし具体的な数字はわからない。小林敦氏のご教示による。「意味が分かると怖い話」「Google Trends」（https://trends.google.co.jp/trends/explore?date=all&geo=JP&q=%E6%84%8F%E5%91%B3%E3%81%8C%E5%88%86%E3%81%8B%E3%82%8B%E3%81%A8%E6%80%96%E3%81%84%E8%A9%B1）［二〇二一年五月五日アクセス］

（6）ちなみに「分かる」を平仮名にした「意味がわかると怖い話」では、二〇〇九年八月十六日から二十二日に多少検索されていた。

（7）「意味がわかると怖いコピペ貼ってけ」（［https://takeshima.5ch.net/test/read.cgi/news4vip/1237088818/］［二〇二一年五月五日アクセス］）が二〇〇九年三月十五日にできていることについては廣田龍平氏のご教示による。

（8）「じわじわ来る怖い話まとめ」（http://jiwakowa.web.fc2.com/index.html）［二〇二一年五月五日ア

クセス」にまとめられている。二〇〇八年三月二十七日には「意味深なコピペ解読しようぜ」(https://yutori.5ch.net/test/read.cgi/news4vip/1206608957/)[二〇二一年五月五日アクセス]というスレッドが立っている。これらのスレッドの存在についても廣田龍平氏のご教示による。

(9)前掲「ニコニコ大百科(仮)」

(10)「意味がわかると怖い話」「ピクシブ百科事典」(https://dic.pixiv.net/a/%E6%84%8F%E5%91%B3%E3%81%8C%E3%82%8F%E3%81%8B%E3%82%8B%E3%81%A8%E6%80%96%E3%81%84%E8%A9%B1)[二〇二〇年十二月二十日アクセス]

(11)「意味怖」は、本来「ネットロア」であり、このあたり著作者は誰かが注視される通常の小説などとは違う。伊藤龍平『ネットロア――ウェブ時代の「ハナシ」の伝承』(青弓社、二〇一六年)や、廣田龍平「2ちゃんねるオカルト板『死ぬ程洒落にならない怖い話を集めてみない?』略史」(「怪と幽」二〇二一年五月号、KADOKAWA)参照のこと。

(12)藤白圭『意味が分かると怖い話』(〔5分シリーズ+〕、河出書房新社、二〇一八年)が出ている。これは藤白圭の著作であるため、コピペや匿名の書き込みとは異なり作者がわかる創作物である。作者の藤白圭は小説投稿サイト「エブリスタ」(https://estar.jp/)で活躍したと略歴にある。また、類書に蔵間サキ編著『意味がわかると鳥肌が立つ話』(〔5分後の隣のシリーズ〕、学研プラス、二〇一九年)があるが、こちらは帯に「恐怖、笑い、感動の83篇。」とあり、怖い話だけではないという趣向。さらに類書の小林丸々作、ちゃもーい絵の『本当はこわい話――かくされた真実、君は気づける?』(〔角川つばさ文庫〕、KADOKAWA、二〇一八年)などがある。作者の小林丸々は同書によれば、スマートフォンアプリを中心に「意味がわかると怖い話」シリーズを出していたとある。白樺香澄「意味怖」はウェブサイト「ねとらぼ」で二〇二〇年六月二十一日から継続中(白樺香澄「意味怖」「ねとらぼ」〈https://nlab.itmedia.co.jp/nl/series/19683/〉［二〇二〇年十二月二十日アクセス］）である。

(13) 先行研究に論文化されたものは見当たらなかった。三浦太仁、森川風太、山平千鶴、生地伸安、高橋賢人、竹村和馬、平野孝典らによる発表がある。「「文章における仕掛けの研究」――意味がわかると怖い話を通して」第四十九回大阪教育大学国語教育学会での発表（http://www.osaka-kyoiku.ac.jp/~kokugo/nonami/2013zemi/sample.htm）［二〇二〇年十二月三十日アクセス］。この研究発表では全体的な話の傾向を示そうとしていて、特に重要な指摘は「解釈が多岐にわたるもの」や「解釈ができないもの」も二百四例中十三話もあることだろう。「意味が分かると怖い話」は内容から定義するのは困難だということを証明している。

また、矢島伸男は「SNSにおける子どもの読解能力獲得の過程に関する一考察――「意味がわかると怖い話」を中心に（自由研究発表）」で、「SNSで人気を博している「意味がわかると怖い話」を取り上げ、それを読んだ子どもたちの読解能力にどのような効果をもたらすかについての検討」をする発表があったようだ（「全国大学国語教育学会国語科教育研究――大会研究発表要旨集」第百二十六巻、全国大学国語教育学会、二〇一四年）。

(14) 前掲の発表「「文章における仕掛けの研究」」では「意味怖」の定義として、「「意味がわかると怖い話」はネット上に書かれているものであり、その定義もネット上に書かれているものを引用する」という考えがあったようだ。文章から判断するに、おそらく「ニコニコ大百科（仮）」の定義が使われていた。

(15) 本章は高木史人の「ある物語を別の物語と「同じ」「似ている」と」する捉え方に「話型」があるという考えを受けている（高木史人「悦ばしき話型」、高木信／安藤徹編『テクストへの性愛術――

物語分析の理論と実践』〔叢書・文化学の越境〕所収、森話社、二〇〇〇年)。また、「話型」の語の多義性は飯倉義之がまとめている(飯倉義之「〈話型〉の認識と説話の分類――「燈台鬼」説話と都市伝説「だるま男」の比較から」、説話・伝承学会編「説話・伝承学」第十九号、説話・伝承学会、二〇一一年)。これらの論考から、普段、話をしたり、聞いたりする人々が、構造、機能にかかわらず、無意識的に類似を感じて「話型」や「話群」を見いだしていることを配慮したうえでの考察が必要だと考え、本章でも反映した。

(16)前掲「悦ばしき話型」

(17)「Twitter」で「意味が分かると怖い話(@mdhbnlxxc)」というbotが定期的に投稿していたのでそこから引用した。「YouTube」でも「【マイクラ】意味が分かると怖い話「井戸に捨てた死体」」というタイトルで同じ話の動画が二〇一六年に投稿され七十万回以上再生されている。前掲「ニコニコ大百科(仮)」の「意味が分かると怖い話」では⑮の「消えない死体」というタイトルの話がこれに相当する。

(18)阿刀田高「迷路」(初出:一九九八年)、阿刀田高/鈴木光司/小池真理子/高橋克彦/乃南アサ/夢枕獏/宮部みゆき『七つの怖い扉』(新潮文庫)所収、新潮社、二〇〇二年

(19)山小屋の部屋の四隅に四人が座って眠り、順繰りに仲間の肩を叩いて起こして朝まで過ごしたが、よく考えると四人ではできないという怪談。常光徹によれば、雑誌やラジオの情報メディアを通じて広がったと推測されている。常光徹『学校の怪談――口承文芸の展開と諸相』(Minerva 21世紀ライブラリー)、ミネルヴァ書房、一九九三年

(20)前掲「ニコニコ大百科(仮)」にも「複数の解釈がある怖い話」がいくつかまとめられている。特に解釈が不能だったり多数生まれる代表例として、次の「ナポリタン」はよく挙げられる。「ある日、

私は森に迷ってしまった。夜になりお腹も減ってきた。そんな中、一軒のお店を見つけた。「ここはとあるレストラン」変な名前の店だ。（略）しばらくして、私は気づいてしまった……ここはとあるレストラン……人気メニューは……ナポリタン……」というもので、思わせぶりな文章から多数の解釈が生まれている。

(21)「意味怖」の共通項を無理に見いだせば、その多くの登場人物に名前がない。昔話と同じく時代も場所も曖昧である。これは昔話と同じく架空の話にはみられることだろうが、「意味怖」ならではの共通項にはなりえない。

(22)「ふられた男」というのはネットではみられず、おそらく生徒が付け加えた設定だが、聞き手にとって自然で理解しやすいうまい改変だと思う。

(23)「(略）昨日は海へ足を運んだ 今日は山へ足を運んだ 明日はどこへ行こうか 俺は頭を抱えて悩んでいた」だけでなく、「この仕事には手を焼いている そろそろ手を切らないと不味いが 指切りしたからには最後までやらないとな 俺はやっと思い腰を持ち上げた」などのネタをさらに連発したアレンジが生まれていることもある。「意味がわかると怖い話作ったから解いてみて欲しい［無断転載禁止］©2ch.net」の八百五十一レス目（https://mevius.5ch.net/test/read.cgi/mystery/1483083237/835-935）［二〇二一年五月五日アクセス］。

(24)「意味がわかると怖い話「加奈とおじいちゃん」」「Ameba ブログ」（https://ameblo.jp/tonkatsu123/entry-11225676820.html）［二〇二〇年十二月三十一日アクセス］

(25) 前掲「ニコニコ大百科（仮）」の項目㊽「ゆでたまご」

(26) 前掲『意味が分かると怖い話』六―九、一二―一三ページ

(27)「話群」という語を話の内容に限定する考え方もある。こうした場合の「話群」はサイクルの訳語

である。『日本昔話事典』（稲田浩二／大島建彦／川端豊彦／福田晃／三原幸久編、弘文堂、一九七七年）の三原幸久「わぐん　話群」には、「わぐん　話群　「総」　Cycle〔英〕の訳語。英語のまま「サイクル」とも呼ばれる。複数の異なった話型が、主要登場人物で共通しており、しかもそれぞれの話型の内容の傾向において一致している場合、それを話群と呼ぶ。……」（一〇三四ページ）とあるが、本章では内容に限定はしない。また、現実的に話の群れという意味での使用が多くあるのが現状である。野村純一「危険な話群――『断腸亭日乗』から」（『日本の世間話』〔東書選書〕、東京書籍、一九九五年）では、永井荷風が記録していた町の噂（世間話）のことをさしている。

(28) 梶晴美「昔話の語り手への試論――三重県熊野市の須崎満子媼の場合」、日本民俗学会編「日本民俗学」第百六十七号、日本民俗学会、一九八六年、四六ページ

(29) 例えば、同論文では「一つのきっかけから続けて得られた話を話群と考え」ている（同論文三八ページ）。

(30) 飯倉義之は「話群」に注目していた研究者の一人で、「身ぶりや声色といった話をする身体のパフォーマンスや、ある話者との間に生起した採訪の〈場〉そのものを「話群」として読み込んでいく」ことや、「ある一人の聴き手――おそらく「われわれ」研究者――の、採訪の場での発話や質問、みぶりやまなざしまでを含んだ〈聴き方〉を話群としてとらえることも可能であるだろう」ことに言及している（飯倉義之「昔話の話型索引制作者は〈愚か村話〉話群の夢を見るか？」「國学院大学大学院紀要 文学研究科」第三十五輯、國学院大学大学院、二〇〇三年）。

(31) 大谷伸彦「大地洋介について その2」『俺、大谷伸彦――トウキョウブラッド』おおいたインフォメーションハウス、二〇〇二年、五八ページ。大谷はこの文章で本文で紹介したように「これ実は警視庁が殺人を犯した人に出す心理学らしい」とか、実在の有名な殺人犯の名前を出しながら語り話に

説得力をもたせている。

(32) 同書五八ページ

(33) 桜庭一樹『砂糖菓子の弾丸は撃ちぬけない——A Lollypop or A Bullet』(角川文庫)、角川書店、二〇一二年(初出:二〇〇四年)

(34) 大谷ノブ彦/桜庭一樹「相思相愛対談 with 大谷ノブ彦」、桜庭一樹『桜庭一樹——物語る少女と野獣』所収、角川書店、二〇〇八年

(35) 「サイコパス診断(無料)と正解してはいけない問題50選!」「Carat Woman」(https://career-find.jp/archives/198374)[二〇二〇年十二月三十日アクセス]

(36) サイコパスも厳密には定義されず、ここでいうサイコパスとは「良心や善意をもたない犯罪者」くらいの意味で、フィクションにはよく殺人鬼として登場する。

(37) 前掲「サイコパス診断(無料)と正解してはいけない問題50選!」

(38) 「意味がわかると怖い話コミュの葬式」「mixi」(https://mixi.jp/view_bbs.pl?comm_id=514230&id=68577302)[二〇二〇年十二月三十日アクセス]

(39) 「家族構成父 母 息子父が病気で亡くなり、葬式が開かれました。母は葬式に来ていた男の人に一目惚れしました。母は連絡先を聞けず、葬式が終わってしまいました。息子は何物かに殺されました…聞いた話です」という話が「二〇一二年四月十八日」に「mixi」「意味がわかると怖い話コミュの葬式」に投稿されている。誰が殺したかが謎になっている。同ウェブサイト[二〇二〇年十二月二十日アクセス]

(40) 特に法月綸太郎「黒衣の家」(初出:一九九〇年)、『法月綸太郎の冒険』〔講談社文庫〕、講談社、一九九五年)がシチュエーションも似ている。もしかすると、この作品が民話化したものが先の「心

理テスト」の話かもしれない。

（41）「日刊 Ranpo」（https://ranpo.co/article/6442664376808771585?page=2）［二〇一九年十二月十八日アクセス］。二〇二二年三月二十一日現在確認するとサイトに入れず、アーカイブでも確認できなかった。こうしたことはネットロア研究が放置されている間にも進むものと思われ、かつては気軽に読めたサイトの画像を貼っておく。念のため、こうした言説がまだ語られているという例として「5ちゃんねる」の「【閲覧注意】最新のサイコパス診断が怖すぎる」スレッドの「240風吹けば名無し 2021/10/04（月）23:34:47.11ID:Zc0AljeCM」に「有名なやつ大体元ネタあるよな 八百屋お七とか」などの書き込みがみられることを紹介しておきたい。「【閲覧注意】最新のサイコパス診断が怖すぎる」（https://swallow.5ch.net/test/read.cgi/livejupiter/1633356768?v=pc）［二〇二二年三月二十一日アクセス］

（42）「お七の悲恋と残酷な処刑の話は、元禄から宝永にかけ歌祭文」にもなったが、「さらに宝永期の歌舞伎界にお七劇が流行し、お七物語の虚構化が進んだ」。平田澄子「八百屋お七」、乾克己／志村有弘／小池正胤／高橋貢／鳥越文蔵編『日本伝奇伝説大事典』所収、角川書店、一九八六年、八九五ページ。むしろ、「サイコパス」どころか江戸庶民のお七贔屓からハッピーエンドの江戸小説も書かれていた。竹野静雄「八百屋お七物の輪郭――江戸小説を中心に」、早稲田大学国文学会編「国文学研究」第八十五集、早稲田大学国文学会、一九八五年

（43）前掲「〈話型〉の認識と説話の分類」を参照のこと。「話型」の概念を用いて都市伝説「だるま男」とその元ネタとされてしまう「燭台鬼」説話について述べているが、今回の「心理テスト」と「八百屋お七」の関係に相似である。

（44）これは、これから話すことのアブストラクトとして考えることもできる。アブストラクトとは、

「この間、困ったことがあったんです」などのこれから話すことの要約で、話し手に注意を向けさせる指標にもなっている。ここでは、聞き手を注意させ「意味が分かると怖い話」を聞く態勢を整えている。桜井厚『ライフストーリー論』（〔現代社会学ライブラリー〕、弘文堂、二〇一二年）に詳しい。

第2部　怪異を表現する

第5章　分かたれた「己」で、遊ぶ
——森鷗外「不思議な鏡」が映し出す分身譚の愉しみ

構 大樹

はじめに

分身といわれる〝もう一人の自分〟がいるかと思うと、あまりいい気持ちはしないだろう。街を歩いていて、たまたま出くわすなんて起こってほしくないものだ。そのとき、きっとあぜんとして固まってしまうから。あちらが何らの反応を示してこなくとも。あるいは自分がそこに行っていないにもかかわらず、後日、知人から「この前、○○を歩いてたよね」なんてことを聞かされるのも勘弁してほしいものである。

個人が分かたれ、その分身が出現するようなことは、本来なら起こりえないとされる。比較神話学者のジョン・ラッシュは、したがって「分身という存在はまぎれもなく、世界の神話と民間伝承の暗黒面に属している。そこには二元性の最も人を惑わす不吉な形が現れる」[1]と述べる。だが、そのような存在への想像力に支えられた分身譚は、現在、創作のなかで確かな一ジャンルを形作っている。分身譚は親しまれている、そういって差し支えないだろう。

文学ではエドガー・アラン・ポー『ウィリアム・ウィルソン』(一八三九年)、オスカー・ワイルド『ドリアン・グレイの肖像』(一八九〇年)など、特に十九世紀以降、枚挙にいとまがないほど多くの作品が発表されていて、マイケル・リチャードソン編『ダブル／ダブル』[2]や角川書店編『ドッペルゲンガー奇譚集』[3]、東雅夫ほか編『分身』[4]といったアンソロジーも編まれている。映画からはアルフレッド・ヒッチコック監督の『めまい』(一九五八年)、テレビドラマからはデヴィッド・リンチ監督の『ツイン・ピークス』(ＡＢＣ／ショウタイム、一九九〇―九一年、二〇一七年)といった評価の高い作品が世に出ている。鏡、双子、生き写し、影、かつて「多重人格」と呼ばれた精神障害などをかけ合わせて描かれる分身譚は、すでにまとまった量がメディアを横断して歴史的・国際的にストックされているのである。

何が分身譚への関心を生み、そして親しみを促しているのだろうか。

1　簇出する分身譚

日本という限定された地域のなかで、分身譚に対する本章の問題意識を明瞭にしていこう。

分身譚は、日本文学においては西井弥生子の大変な労作「日本ドッペルゲンガー小説年表稿」[5]で明らかなように、近代——殊に大正期に入ってから簇出（そうしゅつ）する。[6]例えば、向こうから歩いてくる「黒い人影」の「声」に自分と「全く同一なもの」を感じ、自分が「二人の人間に別れたのではなからうか」と「奇異な恐怖」に苛まれ、やがて「俺は、仕舞ひには彼処（あそこ）で首を縊（くく）りはしないかな？　彼処では、何かが俺を招いてゐる」という思いにかられる佐藤春夫「田園の憂鬱」[7]。自分と同じ服装、同じ姿勢でいる後ろ姿の男に自分の「ドッペルゲンゲル」（ドッペルゲンガー、自己像幻視）を認めて以来、自分と妻に世間から「無理由な侮辱が加えられ」るようになったと、被害妄想じみた手紙が送られてくる芥川龍之介「二つの手紙」[8]。都市には「或る時或る瞬間に或る場所で人」がなした営みの痕跡からなる、それらの分身的な「幽気」が「そこいらにぼんやり立現れ、ふらふらと彷徨」していると空想し、往来で立ち尽くす豊島与志雄「都会の幽気」[9]。これらは大正期に現れた分身譚の代表的なものだが、ほんの一部にすぎない。けれども、分身譚が様々なシチュエーションのなかで語られたことは、ここに挙げた一例からものぞくことができるだろう。と同時に、やはりどうしても強調しておきたいのは、分身譚が語られるとき、多くの場合その物語世界では、死が忍び寄るなどの不吉な出来事が見受けられる点である。[10]

そして、そうした分身譚は、現代でもしきりに語られる。このことは、文学に限らないメディアのなかで眺めたほうがわかりやすい。天沢夏月『そして、君のいない九月がくる』[11]のように、出会うと死を招くという文脈が切断されたドッペルゲンガーが登場することも当然ある。けれども真倉翔原作、岡野剛作画の漫画『地獄先生ぬ～べ～』（「週刊少年ジャンプ」一九九三—九九年連載、集英社）でのドッペルゲンガーを肉体から幽体が剥離する現象とし、その状態では「肉体は長く生きられない」とする解説[12]や、kemuが手がけたボーカロイド楽曲「拝啓ドッペルゲンガー」（「ニコニコ動画」、二〇一七年投稿）の歌詞にある「艱難辛苦（かんなんしんく）　全ての代行者（エージェント）」として呼び出したドッペルゲンガーに自分の居場所を奪われ、「ねえどうか存在を返して」と懇願するがどうにもならないという顚末[13]は、現代の分身譚にとってもそう珍しいものではない。また、かつて江戸川乱歩は「鏡に写る自分の影」は「自分と寸分違わぬ人間が、この世のどこかにもう一人いるという怖さ[14]」に通じると述べたが、鏡に自分の死に際の顔が映るといった怪談話も、まだまだ現代に生きているのだ[15]。

分身の出現は不吉な出来事を連動させることがしばしばで、したがってそれへの想像力は、不安や不快をかきたてうる。ときには恐怖をもたらすだろう。ところが、分身譚は語られ続けてきているのである。語られ続けるということは、すなわちそれに耳が傾けられ、親しまれていることを意味する。これは一体どういうことなのか。

そもそも、分身が現れることで生じる恐怖の根源については、個人の揺らぎと関連づけて考えることができる。河合隼雄はその出現が「自分に対する存在感について不安を引き起こす[16]」と述べている。この種の不安が恐怖へとたやすく横滑りすることは、戸田山和久による「死とは自分が存在しなくなること」であり、だからこそ人は「自分が自分でなくなること、つまり自己同一性の喪失」も死と同様に恐怖を覚えるのだ、という説明[17]を踏まえることで理解される。

このような自己同一性の喪失への恐怖を帯びやすい分身譚が大正期に簇出するのは、一柳廣孝が指摘するとおり、分身という事象が「近代化への道を猛烈な速度で走りつづける時代と社会によって引き裂かれた魂の優れた表象であり、近代特有の病として取り上げられ[18]」るようになったからだろう。日本の近代化の深まりとともに、強いられていく自己分裂的な生の切実(リアル)な表現として分身譚というジャンルが屹立し、よって関心が高まったということである。

ただし、その一方で分身の出現は、自分の手に余る欲望の解消がはかどるかもしれない、という期待も夢見させてくれる。頭に花を咲かすことができる河童が主人公のアニメ『はなかっぱ』(NHK教育テレビジョン、二〇一〇年—)に、次のようなエピソードがある。ある日、友人と日なたぼっこを楽しんでいた主人公が、祖父からお使いを頼まれる。主人公は「ああー、僕が二人いたら、お使いも日なたぼっこも両方できるのになあ」と嘆くと、頭からココ・デ・メール(フタゴヤシ)が生え、その実から自分の分身が出てくる。主人公は待ってましたとばかりに、彼にお使いを頼む[19]。分身譚においてジレンマやフラストレーションの解消に根ざす、このようなワクワク感は看過できない。

分身譚への親しみという観点からすると、むしろこちらのほうがより重要かもしれない。つまり大正期以降、大都市から広まっていった消費を中心とする文化とそれに応える経済活動は、人々にめまいを起こさせるほど、多種多様な欲望を絶えず生起させるものだった。哲学者のジャン・ボードリヤールの言葉を借りれば、資本主義の下で確立していく「消費の時代」は、あらゆる物事を「消費可能なイメージや記号やモデルとして喚起・誘発・編成[20]」していった。そうした状況は人々を刺激し、複数の欲望をことあるごとに生じさせているのである。ところが、そのなかで生じた欲望は、もはや個人では一部分を満足させるのが精いっぱいになっている。この一つの身では満たすことができないという心の葛藤が、抱え込んだ手に余る欲望をイレギュラーな方法で解消させていく分身譚に、羨望に満ちた読むことの快楽をもたらし、エンターテインメント性を高めていることは十分考えられる。

ここまで従来の知見を参照しながら、なぜ分身譚は関心を抱かれ、親しまれるのかについて簡単に整理した。分身譚は死に対する恐怖と通じている。そして近代の浸透のなかで、一方ではその恐怖のリアリティーが増幅され、他方では欲求不満の常態化がもたらす解消への希求が共有されるに至ったことで、一ジャンルとして確立したものだったと捉えられる。では、これで分身譚への関心と親しみが生じる理由を語り尽くせたことになるのだろうか。あらかじめ結論を述べておくと、まだまだ別の角度からの考察の余地を残している。例えば分身譚はエンターテインメントとして、もっと別の薄暗い愉しみからも親しまれているのではないだろうか。そのことを教えてくれるのが、森鷗外「不思議な鏡」である。

2　お約束からズレようとする「不思議な鏡」

「不思議な鏡」は「文章世界」第七巻第一号（博文館、一九一二年）に「新年附録」として発表された小説である。作品の内容は次のようなものである。[21]

作家の「己（おれ）」は昼間は役所勤めをしているので、自分の書きものを「夜なかに起きて書」いている。「草臥(くたび)れた体」を休めずにだましだましやっているような状態で、そのためか、あまり評判はよくない。正月明けの御用始めの日、出勤間際に自分の作家としての「魂」が「磁石に鉄が吸い寄せられるやうに」抜け出て宙を飛び、そのまま出版社のほうに導かれていった。「文芸唯一之機関」と掲げられた広間に置かれた「大鏡」が、「魂」を吸っていたのだった。広間には「田山君」をはじめ「島崎君」「島村君」といった見知った面々から、面識がない「若い人」まで何人もいる。「田山君」が優しい声で「けふは君に近作を一つ朗読して貰ひたい」と、創作を依頼してきた。「己」は原稿も何も持ってきていないし、「下手な事はしたくない」からと断る。それに対して周囲からやじが飛ばされるなか、「田山君」が「そんならけふは顔を見せて貰つた丈で好いから、こん度にしてくれ給へ」と言うと、「魂」は解放された。気がつくと、「己」は役所で仕事をしていた。

「不思議な鏡」は意図や狙いを読み取ろうとすると、まず発表当時の文壇状況を浮かび上がらせる。「己」は森鷗外を強く想起させるように書かれている。「己」が役所勤めと執筆の両方をやっているというのは、陸軍軍医であり作家という鷗外のプロフィルと重なる。また「己」は「みじめな生活に安住してゐる腰弁当の身の上を書いて、その男に諦念の態度を自白させる時、あそびと云ふ事を言つた」と述べるが、これは鷗外の小説「あそび」[22]で主人公の木村が、何をするにしても「「遊び」の心持」だと描かれていたことと合致する。さらに作中で名前があがった「田山君」「島崎君」「島村君」「徳田君」「正宗君」は、その並びから、田山花袋、島崎藤村、島村抱月、徳田秋声、正宗白鳥を想起させる。いずれも、自然主義文学運動において欠かせない面々である。こう解読していくと、この作品は鷗外が自然主義陣営に呼び出され、創作の披露を求められるが、遠回しに自分の創作はそんなに単純にできるものではないと拒絶する話として立ち現れる。

今日、「不思議な鏡」はあまり顧みられない。竹盛天雄が述べたような、「ユニークな発想が、花袋らの当代文壇相手の風刺程度、あまり質の高くない鬱憤晴らしにつかわれているのは不思議である」[23]という評価が、すでに定着しているからだろうか。それはともかく、一方で「不思議な鏡」は、分身譚として間違いなく注目されてきた作品ではある。例えば、山下武は「明治の文学者の中で鷗外ほど、自己の内なる分身を強く意識していた作家はなかった」のであり、その「作者自身の内的世界を表現する」[24]ために分身というモチーフが選び取られたのだと評している。また渡邉正彦は、日本の作家のなかで「ドッペルゲンガーの意味で〈分身〉という語を使ったのは、鷗外が初めてであろう」と推測しながら、「「不思議な鏡」は明らかにドイツ語の〈ドッペルゲンガー〉、英語の〈ダブル〉という意味の〈分身〉が登場する」[25]と指摘している。確かに、この作品は「鷗外漁史とは誰ぞ」（「福岡日々新聞」一九〇〇年一月一日付）に見られるような分裂する自己に意識的な作家[26]による、日本では大正期以降に簇出する分身譚の、かなり早い事例として位置づけられる。明治期で分身の出現を山場とする小説は、夜の「漫歩（そぞろあるき）」から自室に戻ってみると、「一人すやすや寝て居る」自分を発見し、彼に「殺される」と慄く泉鏡花「星あかり」[27]くらいのものだろう。

だが、ここで少し立ち止まっておきたいポイントがある。というのも「不思議な鏡」は分身譚の一つにちがいないが、分身譚――とりわけドッペルゲンガーが出現するものにしばしば織り込まれる不吉さが見当たらない。この点で、分身譚のいわゆる典型とは異なる位相にあるといえる。もちろん、鷗外がそうしたお約束を知らなかった可能性はある。ただし「己」の「あそびのessence」

としての「魂」が体から抜け出た直後の様子が以下のように表現されるため、そうした速断には慎重になったほうがいい。

> 日本画にかいてある人魂は、青い火の玉だが、己の魂はそんな物にはならなかった。体その儘の影になつたのである。今出掛けようとして仕度をした、その仕度の儘の影である。只体の方は机の前に据わつて、学生の持つやうに毛繻子の嚢に、物を入れてゐる。影の方はその前に立つて、ふら〱しながら、気の利かない体のする事を見てゐる丈の相違である。（三一八ページ）

「己」の「魂」は青白さこそないものの「ふら〱」していて、どこか頼りない。そして、それは「影」と表現される。鷗外は森田草平『煤煙』第一巻に寄せた文章のなかで、心中したイタリア人の男女の幽霊が、日本人に取り憑こうと相談し合う一場面を描いたが、彼らに「影」の語を当てていた。[28] とすると、「不思議な鏡」においても、さまよう「魂」＝「影」の顛末を、そのまま死に通じさせることができたといっていい。けれども、そうされてはいないのである。

このことは重要だ。思わせぶりに死を想起させながらも、しかしそちらにはいかない題名どおり不思議な分身譚。それが「不思議な鏡」ということになる。作中には他にも、「鏡」に吸い込まれた「己」が、ちょうど「生きながら浄玻璃の鏡にかけられたやう」な格好になったというくだりがある。「浄玻璃の鏡」とはいうまでもなく、地獄で死者が生前の罪を暴かれるときに用いられる鏡のことだ。ここに目を向けてみても、やはり死を想起させながら、それを宙吊りにしてしまう不思議さが際立つ。

なぜ「不思議な鏡」はお約束から自覚的にズレようとするのだろうか。ここにこだわるとき、同作の遊戯性と、「己」が分裂し何らかの形で損なわれることを期待する読者の存在が浮かび上がる。

3 「新年のお慰み」という意識

実は「不思議な鏡」には、死を遠ざけようとする力さえ、二カ所から見いだすことができる。それらを足がかりに、この作品の分析をより深めていこう。

一つ目は「己」が睡眠のメカニズムを述べる、次の場面にある。

人間の体はアルカリ性で、その中をアルカリ性の血が巡つて養つてゐる。そこで働けば、体に酸が出来る。草臥(くたび)れた体が休んでゐるうちに、血が巡つて来て、その酸を中和してくれる。アルカリ性に戻る。又働く。酸つぱくなる。是の如(かく)く循環して ad infinitum に遣(や)つて行く。どつこい、待てよ。さう旨くは行かない。さう旨く行けば、mobile perpetuum が成功して、人間は不老不死になるわけだが、追々使つてゐるうちに、器械はがたぴしゝて来て、とう〳〵油をさしても動かなくなる。なんだ、縁起の悪い。鶴亀々々だ。

（三一四ページ）

これは「己」の執筆が睡眠時間を割いて、万全の状態でないままおこなっていることを明かす前振りになっている。その告白のため、体の基本をアルカリ性であり、疲労すると酸性に傾くから休息して戻す必要があると説くわけだが、その仕組みはいずれ「油をさしても動かなくなる」と述べる。この体を機械に見立てる説明にあって「動かなくなる」は、当然、死を意味する。「己」はそれを「縁起の悪い」こととし、「鶴亀々々」と厄払いの言葉を唱えて遠ざけるのである。

もう一つは、「鏡」に吸い寄せられたのは「己」だけではなかった、と述べる場面だ。

己の魂を吸つてゐる磁石力は、改良して現代的にしてあるから、自分の勝手な物を吸ひ寄せる。去年の暮には、己を大そう嫌つてゐる水野君の魂が吸ひ寄せられたさうだ。ぞつとするやうな、凄い、情の有り余る魂である。（三二一ページ）

これは一見するとわかりにくい。「己」は「水野君の魂」にネガティブな言葉を与えることで、自分との違いを際立たせ、ひいては遠ざけている。ならば「水野君の魂」とは何か。引用した箇所は、「さて明治四十五年となつて、新年のお慰みに吸ひ寄せられると云ふ光栄を、己が担つたわけだ」という一文が続く。この一文は「己」の「魂」が吸い寄せられた結果として、「新年附録」の「不思議な鏡」があることを連想させるものである。このような仕掛けからすると、「去年の暮」に吸い寄せられたという「水野君の魂」とは、「文章世界」第六巻第十六号（一九一一年）に小説「幻覚」を発表した水野葉舟を指していることになるだろう。そして、この小説では気がめいってくると、あるはずがないものが目の前に浮かぶという「秘密」をもつ「私」が描かれていた。彼はかつて写真店だった家に引っ越すのだが、その先で、以前たまたま電車のなかで見かけた女性の顔に亡き母の顔が重なっていき、また遺された写真を見たことをきっかけに「種々(さまざま)な人間の顔が幻影のやうに」立ち現れ、「私は骸骨の並んで居る室(へや)に封じられたのだ」と思い、慄然とする。「不思議な鏡」で「己」が遠ざけたのは、死と狂気の淵に立つ小説「幻覚」における「私」の物語だったと捉えられる。

これら二カ所を踏まえることで「不思議な鏡」には、そもそも死を近づけまいとする力がはたらいていることがはっきりする。また他にも見えてくることがある。それはこの作品が、掲載誌である「文章世界」に対して意識的であるという点だ。このことは笹沼俊暁が「不思議な鏡」は「当時のメディアにあらわれていた、いくつかの具体的な言説の存在を前提として、それを反映させる形で書かれている(29)」とすでに指摘したことだが、あらためて強調しておいたほうがいい。

すなわち「水野君」への言及以外では、例えば「鏡」が「己の魂」を吸い込むと、「己の影が大きな腕付の椅子に掛けさせられて、鏡面に現れ」たとあるが、意図的か偶然かは不明だが、作品掲載号の巻頭には、「文学博士森鷗外氏の最近の撮影」と題された和装の鷗外の写真が置かれていた。また「田山君」から創作の依頼を受けたとき「こつちの方では、己の創作はひどく評判が悪い」、それなのに「どうやら、かうやら通用してゐる翻訳を遣れと云はずに、創作を遣れと云ふのは、合点が行かない」と不審がる場面は、第六巻第七号（一九一一年）から始まった「文界十傑投票募集」の結果が思い起こされる。同投票で鷗外は、翻訳家部門で一位、小説家部門では名前があがらなかった。

このように「不思議な鏡」には、作品内部に「文章世界」の言説空間を、どちらかといえば従順に取り込もうとする性質を見いだすことができる。反論するにしても、言い訳程度だ。そして同誌は紅野謙介が定位したとおり、その読者に対して、文学の執筆およびそれをおこなう作家をめぐる「情報への尽きることない欲望をかきたて(30)」ていった雑誌だった。このことからさらに、「不思議な鏡」は掲載誌の読者の欲望をも引き受け、作品内部に構造化しようとする作品として考えられる。

死を近づけまいとする力も、こうした性質から意味づけられるだろう。つまり、その力は掲載誌と読者への意識から生まれたものといえる。まさに「不思議な鏡」は新年号掲載の「新年附録」として、そして読者は新年の祝いに縁起が悪いものは読みたくないだろうという推測から、分身譚のお約束にのっとって思わせぶりに死を想起させながら、しかし遠ざけているのだろう。

4　分身を自然化する鷗外の語られ方

それでは、鷗外を強く喚起させる「己」が分かたれるという展開自体を、こうした「不思議な鏡」の性質から意味づけるとどうなるか。

「己」が分裂してしまったのは「磁石力」が作用したからだと語られる。これはおそらく、フランツ・アントン・メスメルの動物磁気説を念頭に置いたものだ。当時、磁力の心への影響が取り沙汰されていた。分身という本来なら起こりえないはずの展開に、少なからず理屈めいた説得力をもたせるため、このような説明が加えられているように思われる。ただし、このいささかとっぴで、どこか滑稽さをも併せ持つ展開に、可能性のレベルでより妥当性が生じるようになるのは、「不思議な鏡」の性質からすれば、加えてそこに「文章世界」で語られていた森鷗外が参照されるときだろう。同誌で鷗外は、二重性を帯びた特異な――つまり、普通ではない作家として語られていた。

すでに述べたように、現代でも高等学校の国語教科書の定番教材『舞姫』を通じて、官吏であり作家であったというプロフィルが再生産される鷗外だが、同時代的にも、そうした二重の生活を送った人物であることが強調されていた。「文章世界」では、例えば「所謂「あそび」主義の小説を以て、最近の文壇に一異彩を放ちつゝある彼は、官にありては陸軍々医総監医務局長、学位に於ては医学博士と文学博士とを兼ねて居る[31]」と言い表されていた。鷗外が語られるとき、官吏と作家、あるいは医学博士と文学博士の二面をもつことへの言及が、あたかも欠かすべからずであるかのようにおこなわれていたといっていい。

しかもそうした語り方は、視覚的にも重ねられていた。第一巻第五号（一九〇六年）に掲載された「森鷗外氏の家庭」は、鷗外とその家族を一枚に収めた写真だが、左上に丸囲みで「鷗外氏が今回の戦役に第二軍軍医部長として遠征せられたる陣中の写真」が挿入された。和装の鷗外と軍装の鷗外を同時に表したこの写真は、まさに彼の分裂した二重性を印象づけるものである。また、このような軍装の作家イメージは、鷗外がイラストで書き起こされるときにも生じていた。先の「現代文学者画伝」には鷗外のイラストが寄せられていたが、軍装だった。これは彼のイメージが、軍と分かち難いものだったことを示している。「不思議な鏡」と同時に掲載された和装姿の鷗外の写真は、むしろ例外だったのだ。この点に留意するとき、作家としての「己」が引っ張り出され、「鏡」に張り付けられる「不思議な鏡」の展開と同時掲載の鷗外の写真が呼応し、両者が一つの物語のなかに溶けていく。

もっとも、「鷗外は、文明式の文豪也。彼は、寧ろ学者也」「二個の学位を有する文壇唯一の人也」[32]のような、鷗外を作家として特権化するような語り方は、その一方で彼を同時代的な作家集団から遠ざけ、あるいは排除する力の源泉になることもあったと推測できる。二重性のなかで語られる鷗外は、それを根拠に、同時代的な〝文壇〟の埒外に置かれることさえあった。ABC「現文壇の平面図」では、鷗外の創作が「「あそび」主義」と定位され、「彼の作品そのものから何の興味も感じない」と裁断された。鷗外の経歴が「あらゆる現実生活に対して、彼は或程度以上には手出しをせぬ」態度を生み、それが創作においては「無難な範囲内に於ける現実への手出し」にとどまらせているためだという。[33]ここにみられる論理は、あまりに飛躍している。鷗外に二重性をもたらす軍医としてのプロフィルこそが、当代の自然主義を中心とする〝文壇〟から外れた「あそび」主義による創作の源にあるのだと言わんばかりである。しかし、これが発表されたという事実は、「文章世界」における作家としての鷗外をめぐる言説が、少なからず〝文壇〟からの排除の正当化に通じていたことをうかがわせる。

「不思議な鏡」は、こうした言説までも作品内部に引き込んでいると考えられる。「文芸唯一之機関」という、ここが〝文壇〟だと宣言するかのような場において、「己」はその場に直接関われず周囲を取り巻くにとどまる「若い人」らが、自分のことをあれこれ言う声を聞く。聞こえてきた「情と云ふものがなくつて、感じと云ふものを丸でしらないのだとさ」「あれで翻訳は旨いのだと云ふぢやありませんか」「夜寝ないさうですよ」「細君の小説を書いて遣るのだと云ふぢやないか」の声が、伝聞に基づく発言であることは一目瞭然だ。また「変人ね」「古株だと云ふ丈ですよ」「妙だねえ」「なんだつてこんな魂を引つ張つて来たのだらう」の声は、「文芸唯一之機関」における「己」のあるべき位相を暗に語るものである。彼らの声は、「文章世界」の言説から副次的に生み出される、〝文壇〟から遠い、あるいは遠ざけられて当然の鷗外、という言説を受けていると捉えられる。

いや、むしろ「不思議な鏡」は、そうした「文章世界」の言説がどのような欲望から生じるのかさえ推測し、それを作品内部で構造化しているのではないだろうか。「己」が創作の朗読を渋ったとき、「文芸唯一之機関」を取り巻く「若い人」たちは、さらに次のように「己」を難じ始める。

下段の間がそろ〳〵辛抱してゐなくなつて来た。最初は咳払をする。鼻をかむ。それから色々な声が聞え出す。

「どうしたのだ。」

「人を馬鹿にしてゐるなあ。」

「田山先生。しつかり願ひます。」

「あんなに先生が気を揉んで入らつしやるのにねえ。」

「さうですよ。早く遣つて早く引き下がれば好いのだ。」
「遣れ〳〵え。」
次第に騒がしくなつて来る。

（三二七ページ）

これらの声に促されるように、「田山君」は「己」にもう帰っていいと、突き放すように告げる。「田山君は決心したらしく」とあることから、直前まで判断しかねていたはずなのに。これらの箇所からは「不思議な鏡」が、鷗外を〝文壇〟から積極的に排除しようとする主体が、もはや「文章世界」の言説に促された読者のほうにあると見なしていることを読み取れる。

以上をまとめよう。「己」の分裂は、鷗外をめぐって構築された言説から自然化される。念のため、そうした鷗外言説が、「文章世界」に限らないものだったことも確認しておこう。例えば雑誌「新潮」一九一一年十一月号の「現代作家小伝」には、「日本の官吏の中に此文豪のある事も珍らしければ、日本の文士の中に此丈の社会的地位を有する人のある事も珍らしい(34)」という文言が見られる。これも鷗外を二重性のなかで語るものであり、どちらを取り出しても、鷗外を個別化できると思われていたことをのぞかせる。「不思議な鏡」は、そうした鷗外言説を引き込み、さらに彼が作家としては「あそび」の心持ちをもっぱらとする書き手として語られていたことを逆手に取って、虚実をかき混ぜ、本来ならありえないはずの「己」が分かたれるという展開を成り立たせていると考えられる。鷗外を批評する際に用いられた「あそび」は、もちろんシリアスさと対比されるゆるさ――高踏の意味を帯びていた。しかし「不思議な鏡」は、それを冗談めいたことをあたかも真実らしく述べる遊戯性の意味で読み替えていき、実践してみせているにちがいない。

また「不思議な鏡」は、鷗外の語られ方の奥に、それを促す読者の欲望を見ているようである。とすると、「己」の分身という異常な事態も、作家としても軍医としても傑出した人物と語られる鷗外に向けられた、異常であってほしいという期待を吸い上げることで成立しているのではないか。作品内部では他にも、世間からの評価を転倒させるよう記述が認められる。「己」は作家として十全な状態で書けていないという、すでに取り上げた冒頭の告白。役所仕事が「下にも上にも、鵜の目、鷹の目、lynx の目が揃つてゐるから、途中にぼんやりした己が一人挟まつてゐても」問題なく進んでいく様子の二度にわたる描写。これらの自分が世間でいわれるほどの人物ではないのだと打ち明ける記述は、死を近づけまいとする力がそうだったように、読者はこういうのが読みたいはずだという推測から生まれていると意味づけられる。「己」が分裂するという展開もまた、同様の方向性から成り立っている可能性が高い。

「不思議な鏡」で分かたれる「己」は、読者が期待する鷗外像だったといえる。

おわりに

「不思議な鏡」は徹底して「新年附録」であろうとする作品だ。そして、そのうえで「あそび」、二重性に焦点化された同時代の鷗外言説を内部に引き込み、それらを意図的に誇張し戯れることで、分身譚を成立させたものだった。また内部で構造化されているのは、同時代的な鷗外言説ばかりではない。そうした言説を支える読者の欲望まで見据え、巧みに利用していると考えられる。この作品の細部から浮かび上がるのは、二つの場で活躍する鷗外に向けられた、異常であってほしい、できれば欠落を抱え込んでいてほしい――もっといえば、破滅してほしいという薄暗い期待である。もっとも、物語の展開は「新年附録」として不吉なことが抑制されていて、したがって「己」が死ぬことはない。けれども作家としての「己」は、〝文壇〟に言い負かされるという構図になっている。読者の期待に応え、さらに気晴らしをも提供しているわけだ。「不思議な鏡」は気軽に読めば「新年のお慰み」にふさわしい、エンターテインメントとして仕上げられている。

ところで、こうした薄暗い期待は、そもそも分身譚というジャンルへの親しみを支えるものとしても位置づけられはしないか。多彩な個人への嫉妬を背景とする、それが損なわれることへの期待は、なにも鷗外に限定されるものであるはずがない。むしろ近代社会において個人に価値が見いだされ定着していく過程のなかで、よりはっきりとせり上がってくる欲望であるように思われる。分割できない首尾一貫した主体として個人を措定し、それを神秘化する価値観は、複数の場で活躍しているという事実が喚起させる多面的な個人のありようを、社会的なタブーに抵触する行為に横滑りさせかねない危うさを持っている。

個人として誠実に生きていたら、多方面での活躍などできないのではないか。どこかで不正をはたらいているのではないか、裏の顔があるのではないか。このような嫉妬と疑念は、しかし他者へまなざしを向けるときの思いとしては、それほど珍しいものとはいえないだろう。ところが個人であることが社会的な価値を帯びると、この誰に対しても持ちうる疑念が、私的な思いの域を超え、社会的に共有していいものとして立ち現れることを可能にする。分身譚はこのゴシップ的な期待を、きっと満足させてくれるだろう。それは分身がいる――かのような――事態を、異常なこととして描いてくれるからだ。また分身する当事者には、多くの場合、不吉な出来事がつきまとう。近代以降の個人観にとって、それが罰せられるに足る逸脱であることを追認し、物語のなかで実行までしてくれる。

もちろん、ソリッドな主体を求める個人観は、現代的な個人のありようからすると、少なからず遠さを感じさせるだろう。現代は、ある意味では分身が当たり前になった時代だ。デジタル空間では、複数のアカウントが使い分けられ、それぞれで差異を持つもう一人の自分が生きられる。そのような時代だからこそ、平野啓一郎は近代以降の個人観と現実との矛盾に苦しまないように、「対人関係ごとに見せる顔が、すべて「本当の自分」」だと認めることを提唱する。(35)望みをかなえる駄菓子がもたらす人々の悲喜劇を描く廣嶋玲子『ふしぎ駄菓子屋　銭天堂』には、育児放棄をする母親に「ばち」があたり、「だらしなくておこりんぼうで、子どもぎらいだったママは、食べられて消えて、きれい好きでやさしくて、子ども好きなママになった」と、当初の母親の内面が失われ、別の内面にスイッチしたことを「幸せ」とするエピソードが出てくる。(36)

しかし近代のイデオロギーにまで達した個人観は、日本ではまだまだ健在だといわざるをえない。例えば高等学校の国語教科書では、これからの行く末を迷う主人公が悪事に手を染める芥川龍之介『羅生門』、自己の制御がうまくいかないことで悲劇に見舞われる中島敦『山月記』、夏目漱石『こころ』、そして森鷗外『舞姫』が定番教材になっている。個人としての不統合をネガティブなものとする価値観が、再生産され続けているといえる。個人の呪縛からの解放は、いまだ訪れそうにない。ところが、その状態にあるかぎり、創作のなかで分身は簇出し、薄暗い愉しみのなかで消費されるにちがいない。分身譚というジャンルは、個人の称揚から生じるエンターテインメント性に支えられているからだ。

分身譚への関心と親しみは、当面の間、持続することが予想される。

注

(1) ジョン・ラッシュ『双子と分身――〈対なるもの〉の神話』佐伯順子訳(「イメージの博物誌」第三十四巻)、平凡社、一九九五年、一六ページ(原著:一九九三年)

(2) マイケル・リチャードソン編『ダブル/ダブル』柴田元幸/菅原克也共訳、白水社、一九九〇年

(3) 角川書店編『ドッペルゲンガー奇譚集――死を招く影』(角川ホラー文庫)、角川書店、一九九八年

(4) 東雅夫/須永朝彦/国書刊行会編集部編『分身』(「書物の王国」第十一巻)、国書刊行会、一九九九年

(5) 西井弥生子「日本ドッペルゲンガー小説年表稿」、一柳廣孝/吉田司雄編著『幻想文学、近代の魔界へ』(「ナイトメア叢書」第二巻)所収、青弓社、二〇〇六年

(6) 簇出のありようは、ほかに渡邉正彦『近代文学の分身像』(〔角川選書〕、角川書店、一九九九年)、山下武『20世紀日本怪異文学誌――ドッペルゲンガー文学考』(有楽出版社、二〇〇三年)からも見

ることができる。もちろん、分身譚は前近代にも現れていた。只野真葛『奥州波奈志(おうしゅうばなし)』（一八一八年）や『狂歌百物語』（一八五三年）には、忌まわしいこととしての分身が記されている。

（7）引用は佐藤春夫「田園の憂鬱」（『病める薔薇』天佑社、一九一八年）の本文によった。

（8）引用は芥川龍之介「二つの手紙」（〔初出：一九一七年〕、『煙草と悪魔』〔「新進作家叢書」第八編〕、新潮社、一九一七年）の本文によった。

（9）引用は豊島与志雄「都会の幽気」（〔初出：一九二四年〕、『人間繁栄』玄文社、一九二四年）によった。

（10）なお「二つの手紙」では妻の失踪が語られ、自殺が疑われる。「都会の幽気」では自分の下宿先の部屋でかつて自殺した「幽気」が、夢のなかに現れる。

（11）天沢夏月『そして、君のいない九月がくる』（〔メディアワークス文庫〕、KADOKAWA、二〇一五年）には、自分と友人が死の窮地に立たされたとき、一方を助けるために「生み出した」ドッペルゲンガーが登場する。

（12）第二十三話「ドッペルゲンガー（もう1人の自分）の巻」から（一九九四年七月刊行のジャンプ・コミックス第三巻〔集英社〕に収録）。引用は集英社文庫版第二巻（二〇〇六年、集英社）の本文によった。ちなみに、この話では人間が、肉体と幽体と霊魂からなるものとされる。

（13）「拝啓ドッペルゲンガー」で興味深いのは、ドッペルゲンガーが「ヒトの業の連鎖」として描かれているところである。同楽曲のなかでは、もう一人の自分を願ってドッペルゲンガーを呼び出した者がそれに「命の椅子」を取られると、今度は誰かのドッペルゲンガーとして「どうもこんにちは　君の分身です」と赴くことになる。

（14）江戸川乱歩「怪談入門」『幻影城』岩谷書店、一九五一年。引用は江戸川乱歩『幻影城』（〔「江戸川

乱歩全集」第二十六巻、光文社文庫)、光文社、二〇〇三年)の本文によった。

(15)朝里樹『日本現代怪異事典』(笠間書院、二〇一八年)の「死に顔を映す鏡」の項目では、深夜十二時に合わせ鏡になるようにした三面鏡に自分の顔を映すと、「その中で右から七番目に映る顔は、他の顔とは異なっており、その人が死ぬ際の顔」が現れるという話が紹介されている。なお同事典は「こいとさん」というドッペルゲンガーの変種も取り上げている。「こいとさん」は目撃者の死ぬ瞬間の姿をしていて、それを二度見ると、その人は死ぬという。

(16)河合隼雄「影の病い」『影の現象学』(講談社学術文庫)、講談社、一九八七年、七六ページ

(17)戸田山和久「なぜわれわれはかくも多彩なものを怖がることができるのか?」『恐怖の哲学――ホラーで人間を読む』(NHK出版新書)、NHK出版、二〇一六年、二四三ページ

(18)一柳廣孝「さまよえるドッペルゲンガー――「二つの手紙」と探偵小説」『無意識という物語――近代日本と「心」の行方』名古屋大学出版会、二〇一四年、二一二ページ

(19)第五百六十八話「ふたりのはなかっぱ」(二〇二〇年一月七日放送)から。なお、このエピソードに直截的な不吉さは見いだせない。主人公はその分身と最終的に心を通わすまでに至り、今後の親交が望まれる。しかし分身は一日しか現れることができず、またココ・デ・メールも一生に一度咲かせることができるかどうかのものだと説明していた。再会は不可能であり、物悲しさが漂うエピソードにはなっているのである。

(20)ジャン・ボードリヤール「現代の疎外、または悪魔との契約の終わり」『消費社会の神話と構造 新装版』今村仁司/塚原史訳、紀伊國屋書店、二〇一五年、三三七―三三八ページ(原著:一九七四年)

(21)引用は『マイクロ版近代文学館③ 文章世界』(日本近代文学館、一九八六年)の本文によった。以

下、「文章世界」からの引用はすべて同様である。

(22) 引用は森鷗外「あそび」(〔初出：一九一〇年〕、『鷗外全集』第七巻、岩波書店、一九七二年)の本文によった。

(23) 竹盛天雄「『不思議な鏡』から『ながし』まで」『鷗外 その紋様』小沢書店、一九八四年、七三四ページ

(24) 山下武「森鷗外「分身」／芥川龍之介「二つの手紙」「人を殺したかしら?」」、前掲『20世紀日本怪異文学誌』一四ページ

(25) 渡邉正彦「分身小説としての「不思議な鏡」(森鷗外)詳説」、群馬県立女子大学国語国文学会編「群馬県立女子大学国文学研究」第二十一巻、群馬県立女子大学国語国文学会、二〇〇一年、七三ページ

(26) 森林太郎の署名で発表された「鷗外漁史とは誰ぞ」では、「医者で、しかも軍医」である自分が、世間で「鷗外漁史」と呼ばれることに違和感を表明しながら、その「虚名」が「生れた」瞬間に目が向けられている。引用は森鷗外「鷗外漁史とは誰ぞ」(『鷗外全集』第二十五巻、岩波書店、一九七三年)の本文によった。

(27) 引用は泉鏡太郎「星あかり」(〔初出：一八九八年〕、『鏡花全集』第四巻、岩波書店、一九四一年)の本文によった。

(28) 森林太郎「影と形 一幕二場(煤煙の序に代ふる対話)」、森田草平(米松)『煤煙』第一巻所収、如山堂、一九一〇年

(29) 笹沼俊暁「森鷗外「不思議な鏡」論——雑誌『文章世界』との関連の中で」、筑波大学近代文学研究会編『明治から大正へ——メディアと文学』所収、筑波大学近代文学研究会、二〇〇一年、二八四

ページ

(30) 紅野謙介「『中学世界』から『文章世界』へ――博文館・投書雑誌における言説編制」『投機としての文学――活字・懸賞・メディア』新曜社、二〇〇三年、二一六ページ

(31) 著者未詳「現代文学者画伝」「文章世界」第六巻第四号、博文館、一九一一年

(32) 黒頭巾「文壇人国記」「文章世界」第六巻第十一号、博文館、一九一一年

(33) ABC「現文壇の平面図」「文章世界」第六巻第一号、博文館、一九一一年

(34) 著者未詳「現代作家小伝」「新潮」一九一一年十一月号、新潮社

(35) 平野啓一郎「まえがき」『私とは何か――「個人」から「分人」へ』(講談社現代新書)、講談社、二〇一二年、七ページ

(36) 廣嶋玲子「クッキングツリー」『ふしぎ駄菓子屋 銭天堂』第一巻、偕成社、二〇一三年

第6章　大正、〈霊交術事件〉の夏
——奇術としての心霊術

今藤晃裕

はじめに

直木賞作家にして紋章上絵師、そしてアマチュア奇術家としての顔をもつ泡坂妻夫。奇術を材とした小説・随筆も多く手がけたこの作家の作品に「精神感応術(テレパシー)」と題した短篇小説がある。[1]

梗概は以下のとおり。若き日に「天現寺雲斎」という奇術師の助手を務めていた女性（百合子）が、孫と見にいった演芸番組の公開収録で「クラウド三田村」というマジシャンの演技に立ち会う。「このマジシャンは天現寺雲斎ではないか」？　確信に似た予感を抱く百合子を、マジシャンはステージに招き上げるのであった……。ここで百合子を助手として演じられる演目が「テレパシーのマジック」、小説の題名にもなっている精神感応術である。これはかつて、天現寺が百合子と組んで演じていた演目であった。作中では次のように説明されている。

「きみが舞台の上で、目隠しをして椅子に坐っている。ぼくは観客の中に入って、いろいろな品物を借りるんだ。きみはその品物を片っ端から言い当てていく」　　（一二七ページ）

トリックも現象と同様にシンプルそのもので、百合子は天現寺から次のように教えられる。


「だから、一種の暗号を使うんだ。たとえば〈それでは〉はゼロ、〈いま〉は一、〈どうか〉は二、〈しっかり〉は三、〈願います〉は四、〈早く〉は五、という工合だ」

「…………」

「ここにダイスがあります。上に出ている目はいくつですか。早く答えて下さい」

「五」

「そう、その調子だ」　　（一二七ページ）

ここでは物語の結末の紹介を省くが、この一見地味にも思える奇術が、かつて日本社会で一世を風靡したことがあった、といえば意外だろうか。当時は霊交術と呼ばれていた。

霊交術は、奇術の演目としてはセカンド・サイトとして知られるものだ。[2] 奇術研究家の松田道弘によれば、「ショウとしてのセカンド・サイトの名を高めたのは一八四六年二月にフランスのロベール・ウーダンが彼の息子と組になって行なった〝当てものショウ〟である」[3]という。ヨーロッパではすでに知られていたこの演目（現象）が広く日本でも認知されるのは、一九二五年夏、東京で各種メディアや心理学者、心霊学者らをも巻き込んでおこなわれ、〈霊交術事件〉とでも呼ぶべき様相を呈したゼーゲル夫妻による〈実験〉に端を発する。

本章では、大正期に一世を風靡した霊交術をめぐる言説を概観し、心霊学受容の一側面として、同時代における霊交術の位置づけを試みたい。

1　ゼーゲル夫妻来朝す

千里眼や読心術はいつも話の種になるが今度松竹合名会社の大谷城戸両氏に招かれてきよう十八日大阪から来るドイツ人ゼーゲル氏夫妻は今迄度々出現して噂に上つた此種の人とは大分変つてゐる

霊感を受けるのは夫人のマリア・ゼーゲル女史だが、まだ二十七歳の若さで早くから霊感術の研究に耽り、現にドイツ心理学協会の会員で、旧ロシア帝室技芸員である。先頃大阪堂島ホテルで実験した時も立合の京都大学の田中理学博士を驚かした。実験には無触実験と遠距離実験とがあるゼーゲル氏が客から指示された物を見ると一方

目隠しして傍に立つてゐる女史が其品名を云ひ当てるのだが、其二十でも三十でも、夫君が

物を見ると同時にぱたく其名前を云ひ当てる有様は、全く人間業とは思へない程だといふ、遠距離実験は見る夫君と当てる女史とが土地を異にしてゐる電話で応答するのだが、此距離はどんなに遠くでも同じ事ださうだ、十九日夜は柳原、小笠原両伯の主催の下に華族会館に於て貴族院関係の諸氏其他名流の人達も其実験を見る筈である(4)

右はゼーゲル夫妻の実験を報じた、「読売新聞」「霊感術の独人夫妻――松竹大谷社長の招きで大阪から上京して実験」(一九二五年八月十八日付)である。「東京朝日新聞」も「千里眼米(ママ)人の実演――鮮かな当て物」(一九二五年八月二十日付)と十九日の帝国ホテルでの実験を報じ、さらに翌日二十一日・二十二日には浅草帝国館での実験の広告を掲載しているが、二日目には「初日忽満員」とあり(図1)、その人気ぶりがうかがえる。

ゼーゲル夫妻とは何者か。「主婦之友」一九二五年十月号の、同誌記者による帝国ホテルでのインタビュー「ロシヤの霊交術大家――ゼーゲル夫妻と記者の珍問答」によれば、夫のアレキサンダーはウクライナのハリコフで生まれ、中学を卒業したのち渡独し、法律学校に通った。その学校にいた教師が「熱心な催眠術の研究家」で、法律そっちのけで催眠術の研究を開始。法律学校卒業後はペトログラードの心霊学院へ入学し、「ベチェレーフスキイという教授」に師事した。一方、妻のマリアは、ペトログラードの小学校の補習科四年で、大酒飲みの父の体の診察を求めてベチェレーフスキイのもとを訪れた際にアレキサンダーと出会い、これが縁でのちにベチェレーフスキイの仲人で結婚することになったという。ここで興味深いのは、このインタビューのなかで明かされる、ベチェレーフスキイがマリアに目をつけたきっかけである。それは次のように語られている。

そのとき〔父の治療の際：引用者注〕マリヤは父に伴れられて、博士を訪問したのですが、博士が父にかけた催眠術が、マリヤにかゝつて、それからといふもの、マリヤに不思議な霊能が現れ、学校の試験問題がわかる、採点がわかる、どんなものでもどん〳〵わかるやうになつたのです。ベ博士は非常に驚いて、、（マヽ）マリヤの霊能を研究し出したのです[5]

このインタビューで語られる彼らの経歴の真偽は措くとしても、右の引用でアレキサンダーが「催眠術の研究」に取り組んでいたと語ること、「博士が父にかけた催眠術が、マリヤにかゝつて、それからといふもの、マリヤに不思議な霊能が現れ」たと語ることには注目すべきだろう。催眠術によって、秘められていた超常的な能力が発現する――このような言説は、すでに日本でも一般になじみがあるものになっていたはずなのである。

図1　霊交術実験の新聞広告
（出典：「東京朝日新聞」1925年8月22日付）

ゼーゲル夫妻の来日からさかのぼること十六年ほど。千里眼事件で知られる御船千鶴子がその能力に目覚めたのは、義兄の清原猛雄に催眠術をかけられたことに端を発する。以後、千鶴子は千里眼の能力を発揮し、これが東京帝国大学をも巻き込んだ騒動へと発展していったことはあまりに有名だ。千鶴子の登場以後、長尾郁子、高橋貞子と、いわば全国で能力者の〈発掘〉がおこなわれたわけだが、その多くが、千鶴子、郁子を範とし、催眠術によって能力に目覚めたと証言したという。一柳廣孝はこの点に注目し、「「催眠術で超常能力を得られる」というコード」の存在を指摘したうえで、「その背景には、この時期の急速なメディアの発展を感じさせる。千鶴子と郁子はメディアに登場することで、超常能力者の規範として世間に認知されていった[6]」と分析している。近代メディアの発達とともに形成された超能力者像。これを踏まえたとき、マリアも同様に催眠術によって能力が開花したという定型に当てはまる存在だとみなせるが、催眠術によって目覚める超能力者という像を作り出したメディアは同時に、千里眼事件後、催眠術はインチキ、という像も作りえたはずである。だとすると、千里眼事件を経た日本で〈霊交術事件〉はどのように受け止められたのだろうか。

2 〈霊交術事件〉顚末

ここでは、霊交術に対する反響の一例として、中村古峡主幹の「変態心理」(日本精神医学会)で展開された論争を紹介する。「変態心理」は、変態心理学の発展を標榜し、「精神医学のみを対象としたのではなく、様々な不思議現象から不良や犯罪者といった社会問題にまでアプローチしようとした[7]」雑誌である。超常能力をもつ人物についても、その学術的妥当性をめぐってたびたび取り上げている。世を騒がせたゼーゲル夫妻も古峡らの目に留まるところとなった。

一九二五年十月号に小熊虎之助・中村古峡の連名で「ゼーゲル氏夫妻の霊交術批判」という文章が掲載されている。これによると、小熊と古峡は九月十八・十九日の両日に青山会館で開かれた実験会に参加した。「その結果、同氏夫妻の実験は全然詭計(トリック)であるといふ確証を握ることは勿論出来なかつたが、しかし紹介者瀧川辰郎氏の云はれる如き心霊現象として軽々しく首肯することも出来なかつた」とし、①目隠しへの仕掛けの可能性、②夫人のトランス状態への疑問、③各実験における不審な点を挙げ、「暗号的発声」の可能性を指摘し、「学術的には幾多の疑問があつて、決して或る人々の云ふが如く心霊現象と断定することが出来ない[8]」と結論づけている。初見で「暗号的発声」の存在に気がつくのは、さすがの慧眼である。ここでの小熊らの評をみるに、ゼーゲル夫妻の〈実験〉は学術的な水準での検証に堪えうるものではなかったようだ。

しかし、「変態心理」での霊交術への言及はこれでは終わらなかった。一九二五年十二月号は霊交術特集とでも題すべき様相を呈していて、以降、翌年にわたり号をまたいで、論争めいた事態に発展していくのだった。まず、福田熊治郎「ゼーゲル夫妻の霊交術は確に詐術なり」が載る。ここでは、ゼーゲル夫妻が「大連に約半年も流浪して居た際数回実験した」こと、「毎夜カツフエーや宴会の席等を漁つて、芸の安売りをして居た」ことなどが明かされ、福田が当時おこなった実験ではアレキサンダーがマリアに向けて「ベラ〳〵と軽い露語様の言葉を発する」点に注目し、観客の記憶に残らないレベルで発話に織り込まれる「暗号」の存在を指摘している。[9] 続く記事は、霊交術実験の主催者にして名づけ親の一人[10]である瀧川辰郎による、「小熊中村両文学士に答ふ――ゼーゲル夫妻の霊交術批判を読みて」という前々号掲載の小熊と古峡の批判に対する応答である。同記事の末尾に添えられた「編集者付記」によれば、これは「東京日日新聞」に不掲載になった原稿を掲載したもので、当初新聞向けに書かれたことを考えると、瀧川には広く社会に霊交術の潔白を訴える目的があったように考えられる。

静粛なる実験会内に於て行ふ場合と、騒然たる公開興行場に於て行ふ場合とは、その難易は非常なものがあります。

故に、私は信じます。極く静粛な席上に於て、シンミリと、そして、列席者が悪意も妨害心もなく、真に平明なる心でその実験を行はるゝならば、或ひはゼーゲル氏以外の人が動力者となつて行つて見ても、屹度夫人には感知せられるであらうと。[11]

右のような瀧川の反論の記事に対し、小熊虎之助は続く「霊交術に就き瀧川氏に答ふ」で再度、反駁を加えている。小熊はこの記事のなかで「殊に従来の興行的実験の一大欠点はゼーゲル夫人の聴覚を閉鎖すること、即ち実験を妨げぬ何等かの方法を代用して、夫人の耳を厳重にふさぐといふ用意が全く無かつたことである」「諸所の実験会に殆んどいつも列席してゼーゲル夫妻の提灯持をせられてをる氏に、その如き実験の機会が無いとは決して言はれぬ。私からみれば、始めからその意思が無かつたものである」[12]と、実験がゼーゲル夫妻の意向のまま、各種検証を許さない環境下でなされてきたことを批判する。小熊の論調は手厳しいものだ。

瀧川はこのような「変態心理」の批判をどのように受け止めたのか。瀧川は翌年の一九二六年二月号に「再びゼーゲル夫妻の霊交術に就いて」を寄せ、そのなかで、「小熊氏福田氏及び中村氏のお説を承る前に、実は私もゼーゲル氏の無意味な発言に感づきました」と述べ、しかし『あれは紙幣ならば上の方の番号、下の方の番号、切符ならば右角の番号と云ふ風に、上とか、下とか、右とかを云つて居るのだ』とのことでしたから、同氏を信ずる私は別にそれ以上そのことに疑ひの耳を傾けなかつたの」だと釈明する。「その後小熊福田両氏の疑点は最も痛烈に此点に注がれて居るのをその所説で知るに至」った瀧川は、あらためて無言で実験するように依頼したにもかかわらず発声し続けるアレキサンダーに対して「私は欺かれたことを腹立たしく思ふよりも、惜しいことだと感じ」たと記す。終わりのほうで瀧川は「茲には従来行つて居た霊交術中には怪しい点、殊に発言に依るトリックが存在して居るらしいと云ふ断案を私もとるに至つたことを皆様に御報告し、且つ従来の私の軽信を深く謝する次第であります」[13]と、これまでの経緯を謝罪していて、ゼーゲル夫妻の霊交術が「トリック」だったことを認めている。なお、この号の「編集後記」では「ゼーゲル氏夫妻の霊交術の批判は、本号に寄せられた瀧川氏の所説によつて、略ぼその真否は決せられたことゝ思ひます」[14]と、事実上の〈決着宣言〉がなされている。以上が「変態心理」誌上で繰り広げられた論争の全容である。

3　エンターテインメント化する心霊術

霊交術をめぐっては、それまでもその興行性による弊害が取り沙汰されてきた。ほとんど学術的な検証を加えることができなかったといっていい。小熊らの不満もそこにあった。

ゼーゲル夫妻の〈実験〉は、ときに奇術師一座に加わっておこなわれた。例えば「読売新聞」では、「廿八廿九の両日は特に応援として常盤座の魔術王ドロー氏一行へ出向実験をなす」[15]と宣伝されている。また、浅草帝国館での〈実験〉は映画上映と抱き合わせでおこなわれていた。これらの事例からもわかるように、ゼーゲル夫妻による〈実験〉は興行色が強い。このようなあり方は、術者の投宿先の旅館や関係者宅を実験の場としていた、かつての千里眼をめぐるそれとは明らかに異なる。あるいは、先に挙げた新聞広告（図1）にみえるような、「なるべく創案になる難問を以てどしく〳〵御実験下さい。万一的中せざる時は賞品を差し上げます」という宣伝文句はいかにも挑発的で、科学的に厳密性を重んじた実験というよりは、観客参加型の娯楽性が高い見せ物といった趣がある。

大正期における心霊学実験について、「三田光一などの能力者がしばしば新聞報道に登場している」ものの、「そこでは、もはや科学者が積極的に実験に関わる必要性はほとんど認められていない」[16]という一柳廣孝による指摘がある。千里眼がインチキだと認知されることによって、心霊学がアカデミズムにおける科学の領野から放逐されていったという見取り図であるわけだが、その結果何が起こったか。一柳は「あえて心霊学にこだわるためのシステムの一つが、「信」である。まず、「信じる」こと。スピリチュアリズムの立場である。こうして心霊学は、宗教へと急速に接近することになる」[17]と論じている。このことについては、瀧川が前掲「再びゼーゲル夫妻の霊交術に就いて」で、「ゼーゲル氏夫妻の人格を信じ、且つその霊交術を純真なものと思ひ、之れを天下に紹介した私の軽信を公く謝罪する」[18]と述べていたことが思い出される。瀧川は良心的にすぎるくらいに、ゼーゲル夫妻に好意的に接し、彼らを信じていた旨を各所で繰り返し語っていたのだった。してみれば、先にみたような瀧川の態度を、一柳が指摘する「信」、すなわち心霊学が「宗教へと急速に接近」していった結果のものとして理解できるだろう。このように、〈霊交術事件〉は確かに千里眼事件後の社会における心霊学受容の傾向を示している。

もう一つ、霊交術の実態を通してみえてくる傾向が、先に確認したような興行化である。科学の領野から追い出された心霊学は、高尚な学問的実証としての実験から、通俗的な興行としての〈実験〉へと装いを変え、娯楽（エンターテインメント）として受容されるようになっていくと考えられるのだ。このような文脈で、前掲の新聞広告（図1）に「心霊界の民衆化」という惹句が躍るのを理解できるだろう。ここで心霊学、そしてその実践としての心霊術は、かつてのような時代の先端をいく学問ではなく、人々を不思議がらせ、楽しませることを主眼としたパフォーマンスになっている。

同時に、ゼーゲル夫妻の〈実験〉がおこなわれたのが、映画館や劇場といった大衆娯楽の場だけではなかったことも見逃せない。ゼーゲル夫妻が〈実験〉をおこなった場所として、華族会館、交詢社、青山会館といった場所が挙げられる。名士が集うこれらの場は、いずれも社会的な〈権威〉と結び付いた場所と目されやすい。このような場所で〈実験〉を催すことで、夫妻の能力がもしかするとホンモノかもしれない、という権威性を保ちえていたとも考えられる。インチキなのか、はたまたホンモノなのか？　この間（あわい）で生じる期待が霊交術のエンターテインメント性を高めたのではないか。

ところで、霊交術、もといセカンド・サイトを日本で演じたのは、ゼーゲル夫妻が初めてではない。一八七五年から来日していたヴェルテリ夫妻が横浜座でおこなった公演の第一部（二部構成）でトリとして演じていたことを長野栄俊が調査報告していて、これがかなり早い事例だろう。ただ、長野が「居留地で英語を解する観客には受けたであろうが、日本人向けに通訳を介しての上演は効果があったかどうかは不明」「言語の暗号化の法則を日本語に直して真似ることが困難だったためか、明治前期に日本人によってこの演目が演じられた形跡は確認できない(19)」とまとめるように、当時はあまり話題にはならなかったようである。

いささか奇妙な問いではあるが、ヴェルテリ夫妻がゼーゲル夫妻にならなかったのはなぜか。あるいはゼーゲル夫妻の霊交術が脚光を浴びたのはなぜか。いくつか理由が考えられるが(20)、ここでは、セカンド・サイトが霊交術として社会に受け入れられるためには、千里眼事件を経る必要があったであろう可能性について述べたい。

日本における催眠術ブームが加速したのは一九〇三年と目される(21)。催眠術関連書の刊行点数が爆発的に増えた時期である。この背景には「煩悶の時代」における「「精神」に対する関心の高まり」[22]があったと考えられ、その延長上に千里眼事件を位置づけることができる。このことを踏まえると、ヴェルテリ夫妻がセカンド・サイトの演技をおこなった明治初頭の日本には、まだセカンド・サイトのように人間の精神の不思議を題材とした奇術を受け入れる土壌がなかったのではないか、ということが考えられる。精神という未知の領域への関心の高まりを背景として、一見地味とも思える霊交術のような演目がウケるのである。その土壌はやはり催眠術ブーム——千里眼事件が用意したといっていいだろう。以上のように、〈霊交術事件〉は千里眼事件が生んだ徒花の一つだった。

4　奇術としての心霊術

ゼーゲル夫妻の〈実験〉をめぐって、ちょっとした騒動が報じられたことを記しておく。八月二十二日というかなり早い段階で、霊交術の実演を試みた人物がいたのである。名を木村駒子という。この人物は女優であり、夫の秀雄とともに観自在宗を立ち上げた霊術家でもあった。[23]「東京朝日新聞」が「けんか腰で霊交術本家争ひ——あれは芸人の手品だと乗出した駒子さん」（一九二五年八月二十三日付）と、アメリカ帰りの駒子が「「マリア・ゼーゲル夫妻の実験方法を聴いてみると心霊学でも何でもない、欧米のボードビルあたりの寄席芸人の演ずる簡単な手品にすぎない、吾夫の鮮かなところを見せてあげませう」といふふれ込みで」[24]人々を集めたことを報じている。この記事によると、結局、駒子はゼーゲル夫妻のトリックを暴くにはいたらなかったようだが、このような霊交術に対する霊術家の反応は、ニセモノを糾弾することで、自身の術の正統性を示す戦略だったのではないかと考えられる。

もう一人、そのような霊術家を挙げておこう。本章の冒頭で紹介した小説「精神感応術（テレパシー）」に登場する「天現寺雲斎」だが、モデルになったのは天源寺幽齊だと思われる。天源寺は大和神魂同盟協会長、日本霊媒養成所理事、六方医法普及学会長の肩書をもち、心友舎という団体を主宰した霊術家[25]である。この心友舎から頒布された小冊子が『霊交術秘伝書規則』[26]（一九二九年）で、伝授料金として十円を払い込むと『霊交術秘伝書』[27]（以下、『秘伝書』と略記）を本部から郵送し、霊交術を伝授すると宣伝している。冒頭の数ページを割いて掲載しているのが、ゼーゲル夫妻の公開実験を報じる「東京日日新聞」や「報知新聞」の記事の抜粋である。この後、同冊子はゼーゲル夫妻の霊交術の反響を概説し、「甚だ我田引水の様ですが、ゼーゲル氏の実験などは本会の実験秘法に比較致しますと実に幼稚なものでありました[28]」と述べ、天源寺の術の優位性を語っている。

霊交術を解説した天源寺による『秘伝書』だが、その「結語」には次のようにある。

殊に自ら斯の如き方法を心得て居れば此の種の心霊術の真偽は一見して判明する所となり、如何に巧みなる「トリック」と、如何に洗練されたる言辞とによつても容易く欺かるゝ事はなくなるのである。現今の如く「心霊現象」と称せられるものの、雑多にして玉石混交せる時代に於ては宜しく活眼を開いて是等の真偽を確め、心霊に対しての真摯なる信仰を持ちたいと思ふのである。[29]

霊交術を「「シグナル」による「トリック」である」と解説する同書は、心霊現象の「真偽を確め」る目を養うことで、正しい「信仰」をもつことができると説く。霊交術は「トリック」があるものだが、自身の術は「トリック」などではないホンモノであるというわけだろう。天源寺による『秘伝書』は、おそらくはこのようなもくろみのもと霊術関係者向けに書かれたものだったが、「心霊に対しての真摯なる信仰」を広めるにとどまらず、意外な方面に波及していく。

今日、天源寺という霊術家の名は、奇術の世界で記憶されているのだ。これは『秘伝書』を日本奇術連盟（JMA）が再版したことによると考えられる。JMAは、長谷川智が主宰したプロ・アマチュアを問わずに構成された全国規模の奇術団体である。[30]JMAは、のちに『霊交術教本』[31]に「過去に於ける日本の最高の霊交術研究家天現寺（ママ）幽斉（ママ）氏の発表された方法を規準とし、それを日本奇術連盟のメンバーが実際に体験した智識によつて補ひ且は削除改修した結果の集積」[32]として、霊交術の日本における受容過程をまとめると同時に、オリジナルのコードを発表するなど、奇術家たちに精力的に霊交術を紹介している。霊交術の、シンプルな現象ゆえの、コードを工夫する余地の大きさがアマチュアの心を刺激したようで、多くのアマチュアによって改案が発表されている。初めは、なにげない言葉のなかにどのように暗号を忍ばせるかに注力されていたものが、言葉にたよらない暗号が考案されるなど、新奇な手法の考案が競われた。[33]JMAが『秘伝書』を再版するに至った経緯は管見では詳らかではないものの、霊術家の書物が、ここまでアマチュア奇術家たちに影響を与えた例もないだろう。[34]

一方、職業奇術師たちは天源寺の解説を俟つまでもなく、その秘密を看破していたようである。初代松旭斎天勝一座の文芸部長を務めた石川雅章は、天勝一座の公演にかけるために、コードの改良に苦労した旨を折に触れて書いている。[35] また、松旭斎天洋も同様に演目に取り入れていたようだ。[36] コードはパターン化されているので、繰り返すうちに露見する可能性が高まる。巧緻な伝達システムをどう構築するか、奇術師たちは様々に策略を練るのであった。石川は天勝一座での霊交術実演について、「果して「不思議、不思議!」と絶賛を博し、これまた数年間は人気番組のひとつとなった」[37] ことを記している。ゼーゲル夫妻による霊交術は一時の話題で終わったものの、霊交術は奇術の演目として、その命脈を保っていくのであった。

おわりに

ジャネット・オッペンハイムは、イギリスにおける一八五〇年以降の心霊主義について、「一九世紀前半の英国における奇術ショーの成功を基盤としているといえるだろう。もちろん、他にも要因はいろいろあったが、いわゆる心霊現象が受け入れられる下地を作ったという点で、奇術師の役割は一考に値するものである」[38] と論じたが、霊交術を例にみてみると、そのような一方向的な関係にあるわけでもないようである。千里眼事件を経て心霊現象が社会に普及することによって、ゼーゲル夫妻の霊交術興行が成功したのであった。そしてこれを受けて奇術の世界でも霊交術がブームになる。このように、心霊術と奇術とは、双方向的に強く結ばれている。霊交術周辺の分析からみえてくるのは、このような自明とも思われるが、しかしそのために根源的な二者の関係性である。近代日本における心霊学の展開を記述するにあたり、奇術界との関係を視野に入れることで、さらに多様な心霊学受容のあり方をみることができそうだ。

最後に、その後のゼーゲル夫妻の足跡を伝えるものとして、阿久根巌『サーカス誕生』[39]を紹介しておこう。同書で報告されている一九三二年から三五年まで大竹娘曲馬団（大竹サーカス）の頭取を務めた高橋武雄の証言によれば、ゼーゲル夫妻は二七年ごろから大竹娘曲馬団に加わり「珍しい心霊現象として、評判になった[40]」。「昭和六、七年にゼーゲルが亡くなってからも、娘のエイヤーが舞台に立ち、母親のマリアが客席の後見役でしばらく続けられたという[41]」。霊交術は、ブームが去ったあとも、エンターテインメントとして人々を楽しませ続けたようだ。

注

（1）泡坂妻夫「精神感応術（テレパシー）」『揚羽蝶』徳間書店、二〇〇六年

（2）松田道弘『メンタルマジック事典』東京堂出版、一九九七年。「セカンド・サイト」の項目（三六—三八ページ）を参照。本章では奇術の演目としてはセカンド・サイトという呼称を用いる。

（3）同書三七ページ

（4）「霊感術の独人夫妻——松竹大谷社長の招きで大阪から上京して実験」「読売新聞」一九二五年八月十八日付

（5）「ロシヤの霊交術大家——ゼーゲル夫妻と記者の珍問答」「主婦之友」一九二五年十月号、主婦之友社、一一〇ページ

（6）一柳廣孝『催眠術の日本近代』青弓社、一九九七年、一四二—一四三ページ。千里眼事件については本書に多くを学んだ。

（7）菅野聡美『〈変態〉の時代』（講談社現代新書）、講談社、二〇〇五年、二六ページ

（8）小熊虎之助／中村古峡「ゼーゲル氏夫妻の霊交術批判」「変態心理」一九二五年十月号、日本精神医学会、八三—八六ページ

（9）福田熊治郎「ゼーゲル夫妻の霊交術は確に詐術なり」「変態心理」一九二五年十二月号、日本精神医学会、六五—七〇ページ

（10）瀧川辰郎「ゼーゲル氏夫妻の霊交術」（「婦人公論」一九二五年十月号、中央公論社）によると、霊交術という名称は、満洲から流れてきた夫妻を下関で見いだした前田天籟が考え、瀧川が「実験」を公開するにあたって用いたということで、最初は「霊魔術」と呼ばれていたという。なお、同記事での瀧川の肩書には「心霊研究学会総務」とある。

（11）瀧川辰郎「小熊中村両文学士に答ふ——ゼーゲル夫妻の霊交術批判を読みて」、前掲「変態心理」一九二五年十二月号、七五ページ

（12）小熊虎之助「霊交術に就き瀧川氏に答ふ」、同誌七八—七九ページ

（13）瀧川辰郎「再びゼーゲル夫妻の霊交術に就いて」「変態心理」一九二六年二月号、日本精神医学会、四五—四六ページ

(14) 野村生「編集後記」、同誌一一一ページ
(15)「ゼーゲル夫人の霊交術」「読売新聞」一九二五年八月二十九日付。先立つ一九二五年八月十九日付の同紙で「ロシアの魔術王が来る」と、「ロシアの奇術家チヤーレス・ドロー氏」が「旧ロシア帝室付技芸団の一行を率ゐて」公演することを報じている。奇術のほか、舞踊や自転車曲技も演じられたようだ。
(16) 一柳廣孝『〈こっくりさん〉と〈千里眼〉・増補版――日本近代と心霊学』(青弓社ルネサンス)、青弓社、二〇二一年、一四九ページ
(17) 同書一五四ページ
(18) 前掲「再びゼーゲル夫妻の霊交術に就いて」
(19) 長野栄俊「「西洋手品」の流行(明治前期)」、河合勝/長野栄俊/森下洋平『近代日本奇術文化史』所収、東京堂出版、二〇二〇年、六六ページ
(20) 例えば、ヴェルテリ夫妻の公演が横浜外国人居留地内という限られた場だったのに比して、ゼーゲル夫妻が国内を転々としていたこと、ゼーゲル夫妻の登場が大正期という国内マス・メディアと興行界が爛熟を迎えた時期だったこと、ゼーゲル夫妻がほかの奇術的演目をおこなわず、霊交術だけをおこなっていたことなどが理由として考えられる。
(21) 前掲『催眠術の日本近代』六四ページ
(22) 同書七一ページ
(23) 木村秀雄の名は「心的生理学治療所長」として霊界廓清同志会編『霊術と霊術家――破邪顕正』(二松堂書店、一九二八年、四二―四三ページ)にみえ、駒子もともに紹介されている。駒子については「大正四年一月から策略家の五九郎の招致によって金龍館に出演し『カッチーシヤ』『サロメ』

を演るに至った」（加藤素泉『女探訪』精文館、一九一六年、一九六―一九七ページ）ことなど、女優としての活動を伝える当時の記録も多い。

(24)「けんか腰で霊交術本家争ひ――あれは芸人の手品だと乗出した駒子さん」「東京朝日新聞」一九二五年八月二十三日付

(25) 心友舍の活動実態は管見では詳らかでないものの、「六方医法」については、後述の『霊交術秘伝書規則』裏表紙に「本医法は、術者の手の掌より放射する霊的六方刺激が即座にビシ〳〵と患部に浸み通り何んの苦もなく難病を治療さすと云ふ、前人未発の総合秘法で、在来の心霊療法程度の如く何等の感じも刺激も無きものや、カイロプラクテイク等の如く指頭で強く押すと云ふ様な治療法でもなく又気合術や催眠術などでも無論ないのである」とある。

(26) 天源寺幽齊『霊交術秘伝書規則』心友舍、一九二九年

(27) 天源寺幽齊『霊交術秘伝書』は一九二九年に販売されたようだが実物未見。引用にあたっては、心友舍版のオリジナルではなく、本論中で言及しているJMAが一九四二年に再版したものを用いた。

(28) 前掲『霊交術秘伝書規則』八ページ

(29) 前掲『霊交術秘伝書』九三ページ

(30) 前掲『近代日本奇術文化史』。「日本奇術連盟」の項目（河合勝著、三二五ページ）を参照。

(31) 長谷川智『霊交術教本』日本奇術連盟、一九四七年

(32) 同書三ページ

(33) 著名なアマチュア奇術家のアイデアを挙げると、緒方知三郎による方法（東京アマチュア・マジシアンズ・クラブ50年誌編集委員会『TAMC50年のあゆみ』東京アマチュア・マジシアンズ・クラブ、一九八二年）が広く知られている。また、高木重朗は奇術愛好家向けの雑誌「奇術研究」一九五九年

夏号（力書房）に「ハンカチーフのテレパシー」と題した演目を紹介している。これは六色のハンカチーフのうち一枚を客が手に隠し、それを別室にいた助手が当てるというもの。「術者は一言もいわず、また姿勢を指定されていてもかまわない」（二〇―二一ページ）という不可能性の高い演出をとっていて、従来の手法を知る客をもひっかける変化球的作品である。

(34) 石川雅章『バケのかわ――ふしぎ現象を解剖する』（久保書店、一九六五年）が「アマチュア・マジシャンの間ではこれ〔天源寺による解説：引用者注〕が虎の巻となった」（一〇八ページ）ことを伝えているが、心友舎版だけでなく、ＪＭＡ版が普及に果たした役割は大きいだろうと考えられる。

(35) 石川雅章『奇蹟解剖――奇術家の見た霊術・邪教・奇蹟の正体』（紀元書房、一九三六年）ほか、前掲『バケのかわ』、同『松旭斎天勝』（桃源社、一九六八年）、吉行淳之介との対談「超能力は子供か一穴主義者か」（吉行淳之介『躁鬱対談』〔角川文庫〕、角川書店、一九八五年）など。

(36) 村松梢風『魔術の女王――近世名勝負物語』新潮社、一九五七年、一一六ページ

(37) 前掲『松旭斎天勝』一六二ページ

(38) ジャネット・オッペンハイム『英国心霊主義の抬頭――ヴィクトリア・エドワード朝時代の社会精神史』和田芳久訳、工作舎、一九九二年、四六ページ

(39) 阿久根巌『サーカス誕生――曲馬団物語』ありな書房、一九八八年

(40) 同書一三二ページ

(41) 同書一三三ページ

第7章　透明人間現る
——隠れる物語から露わにする物語まで

橋本順光

はじめに——透明になることと透明であること

日本語の「透明人間」という表現は、アメリカ映画『透明人間』（監督：ジェイムズ・ホエール、一九三三年）によって広まったようだ。[1] ハーバート・G・ウェルズの小説『透明人間』（一八九七年）を原作としながら、帽子とサングラスで包帯の姿を隠し、犯罪を引き起こしては都会の住人を疑心暗鬼にさせる透明人間は、この映画によって定着したといっていい。日本の透明人間の映画も、この映画を原型として円谷英二が特殊効果を担当した『透明人間現わる』（監督：安達伸生、一九四九年）をもって始まる。神出鬼没に出現しては、見えない力で社会を支配しようとする透明人間は、こうして日本でも定着していった。例えばピンク・レディーはヒット曲「透明人間」（一九七八年）

で、透明になることで社会の話題になりたいという一種の承認願望を歌った。阿久悠の歌詞に「透明人間あらわる」という語句があるように、この歌もまた、それまでの透明人間映画を継承し、透明になった人間が社会を攪乱する物語と要約できる。

一方、透明人間は、英語では透明とはいわず「見えない男（インヴィジブル・マン）」といい、人間として見られることがない疎外された状態の比喩としても使われる。したがって後者の場合、周囲からいないことにされる人間の苦悩を描くことが物語の中心になる。くしくも、その原型は、ウェルズの『透明人間』と同時代に、というより、それよりも二年先に登場していた。イギリスの作家トマス・ハーディの『日陰者ジュード』（一八九五年）である。ここでは、周囲の視線がガラスのように自分の身体を通り抜け、社会から疎外された主人公の辛苦を描いている。学問に憧れる石工のジュードがどう努力しようと、オックスフォードをモデルとする大学町では、労働者は生きる機械としかみなされないのである。

人種や階級、そしてジェンダーゆえに不当に差別され、いないことになっていた人々が沈黙を破り、透明な存在でなくなる。二十一世紀に入ってからの透明人間は、むしろ『日陰者ジュード』を更新した物語のほうが、つまり、透明である人間が承認され、連携していく物語のほうが人気になりつつある。アメリカで公開された映画をみるだけでも、ジュードの挫折を語り直した物語といっていい『グッド・ウィル・ハンティング／旅立ち』（監督：ガス・ヴァン・サント、一九九七年）や『奇蹟がくれた数式』（監督：マシュー・ブラウン、二〇一六年）、それにＮＡＳＡ（アメリカ航空宇宙局）の陰の立役者だった黒人女性数学者たちを掘り起こした『ドリーム』（監督：セオドア・メルフイ、二〇一六年。ダブルミーニングの原題は「隠された人物＝数字（ヒドゥン・フィギュアズ）」に、男中心の研究所で「見えない女」たちが「型」にはめられることなくマイノリティーと連携する『シェイプ・オブ・ウォーター』（監督：ギレルモ・デル・トロ、二〇一七年）まで枚挙にいとまがない。一九九〇年代以降の日本でも、そこにいないかのように扱われる存在感が希薄な人は透明人間と呼ばれるようになり、二十一世紀に入ると、透明人間はむしろ否定的な意味をもつことのほうが多くなった。例えば三編のアニメーションからなる『ちいさな英雄――カニとタマゴと透明人間』（監督：米林宏昌／百瀬義行／山下明彦、二〇一八年）では、透明な身体に衣服を着ていても、やはり誰からも認知されることがない透明人間が、盲人の男に声をかけられ、自分よりも弱い存在を救うことで二重の意味で「透明」でなくなる。アメリカ映画で定番の物語を文字どおり「透明」な男で描いた佳作になっており、日本でも、透明人間は「見えない男」の物語へと収斂していったようにみえる。こうした変化をよく示すのが、Perfume の歌「透明人間」（二〇一五年）だろう。そこでは「透明人間」を Too many（トゥー・メニー・）gain（ゲイン）（いいことばかり）と語呂合わせして、透明人間であることは、Too many gains か Too many（トゥー・メニー・）pains（ペインズ）（わるいことばかり）かと問いかけられている。この見立てを使えば、「透明になる人間」の物語はゲインを、「透明である人間」の物語はペインを主軸にしていると言い換えられるだろう。しかし、これから詳しくみるように、こと日本の漫画に関しては、両者の物語は実のところ独自に混交していて、そのため先鋭的な娯楽作品が誕生しているのである。[2]

1　透明人間の誕生——ギュゲスと龍樹の逸話からウェルズまで

最初に東西の透明人間の系譜を概観しておこう。おそらく人類最古の透明人間は、プラトンが記録している。『国家』（紀元前四世紀ごろ）第二巻第三節によれば、ギュゲスという羊飼いが、偶然、穴のなかで指輪を見つけ、指輪の玉を自分のほうへ回すと自分の姿が見えなくなり、外側へ戻すと元に戻ることに気づく。そうしてギュゲスは、王宮へと忍び込んで王妃と通じ、それから妃と共謀して王を殺し、ついには王権を手に入れたという。『国家』以降、この逸話は性悪説の寓話になった。他人に見られず、見つかりもしなければ、人は悪行を犯すというわけである。だからこそ、ジョン・R・R・トールキンの『指輪物語』（一九五四―五五年）のように、そうした「指輪」を規制し、ときに廃棄する法が必要ということになる。一九三三年の映画『透明人間』から映画『インビジブル』（監督：ポール・バーホーベン、二〇〇〇年）、さらに透明人間と戦う人間もまた同じく怪物になってしまうというひねりを加えた『透明人間』（監督：リー・ワネル、二〇二〇年）まで、いわゆる透明人間の物語はおおむねこのタイプに分類できる。

一方、東洋にも、プラトンの『国家』から七百年から八百年後に成立した『龍樹菩薩伝』（五世紀ごろ）に、よく似た物語が残っている。大乗仏教の祖・龍樹（ナーガールジュナ）が、仏教へ帰依するきっかけになった逸話である。龍樹はありとあらゆる学問を修めたあと、残された楽しみは快楽だけと思い至り、とある師匠から隠れ身の薬の処方を習う。そうしてギュゲス同様に龍樹も、友人と一緒に王の後宮に忍び込み、妃らと通じるようになる。ところが宮中での妃の妊娠から侵入者が疑われ、国王の側近が魔者か人間かを確かめるため王宮に砂をまかせる。はたして足跡が現れ、家来たちが足跡があるところを刀でめった切りにし、龍樹の仲間はみな殺されてしまう。幸い龍樹は王の近くに身を潜めていたため、九死に一生を得たのだった。こうして欲は苦しみのもとと悟り、龍樹は仏法に目覚めたという。この逸話を冒頭に記す『龍樹菩薩伝』は、紀元後四世紀ごろの鳩摩羅什(クマーラジーヴァ)による漢訳だが、サンスクリット語の原典は失われて残っていない。

したがって、プラトンの『国家』と無関係に成立したのか、あるいは約八百年かけてインドまで物語が伝播したのか詳細は不明である。ただ両者を比較すれば、ギュゲスも龍樹も王妃と王権を侵犯するという点で共通していることは明らかだろう。ウェルズ以降、様々な変種が生まれた透明人間の物語も、主題はほぼここに出尽くしている。確かにギュゲスの例は倫理と権力の関係を考えるための寓話になる一方、龍樹の逸話は、世俗の快楽のむなしさを実感させる小道具として、中国や日本では民話のように語り伝えられた。そうした違いはあるにせよ、両者の底には、近づきがたい女性を暴力によって凌辱し、社会の支配者になろうとする欲望が等しく流れている。(3)

砂や雪の上に足跡だけが現れることで不可視の存在を描く表現も、ギュゲスと龍樹の逸話が似通っている傍証になるだろう。一九三三年の『透明人間』で登場して以降、この描写は映画や漫画で定番のように繰り返されてきた(図1)。ただし龍樹のように正体がばれる場面は、清代の中国で刊行された『聊斎志異』の「単道士」にもほぼ同様の記述があり、日本の民話でも、天狗からもらった隠れ蓑を焼かれ、その灰をつけた男が同じように足跡から正体を知られてしまう。『聊斎志異』は一八八〇年に英訳されていて、それが映画に影響したとは考えられないものの、訳者のハーバート・A・ジャイルズによる「単道士」への注記は示唆に富む。[4] エドワード・B・タイラーの『原始文化』（一八七一年）を挙げ、精霊などの到来を周囲にまいた灰などの上に残された足跡で推し量るという風習は広く未開社会にみられるというのである。タイラーをはじめ人類学の書を怪奇作家ハワード・P・ラヴクラフトはよく参照したが、彼の代表作「ダンウィッチの怪」（一九二九年）の、「イブン・ハジ」なる粉をふりかけられると透明な怪物が姿を見せるというのは、まさに

図1　タールを塗られた透明人間＝科学が葬られる「電光人間の巻」（1955年）
「ペーハー」ガラス製ロボットとは、映画『透明人間現わる』同様、周囲の人間の善悪があらわになる意味だろう、のちの『アラバスター』（「週刊少年チャンピオン」1970年12月21日号―71年6月28日号、秋田書店）では、色を塗られ足跡から追い詰められ、透明人間は悪に目覚める
（出典：手塚治虫『鉄腕アトム《オリジナル版》復刻大全集』ユニット1、ジェネオン・ユニバーサル・エンタテイメント、2009年、95ページ）

この知見を継承しているだろう（図2）。なるほど「ダンウィッチの怪」のように超自然的な存在が女性と通じることによって魔性の子が誕生する物語は、ギリシャ神話から中国の怪異譚まで例に事欠かない。しかし、「ダンウィッチの怪」で巨大な透明の怪物が足跡だけ残して村を破壊するのは、龍樹の後宮への侵入にも通じており、ギュゲスと龍樹の逸話は重なり合いながら語り継がれてきたといえる。

確かにウェルズの『透明人間』はレントゲン光線の発見に触発されており、スラップスティック

図2　「ダンウィッチの怪」を鳥取の地に移植してみせた水木しげる『地底の足音』（曙出版、1962年）でも、映画『禁断の惑星』（監督：フレッド・M・ウィルコックス、1956年）を思わせる透明な怪獣が足跡を残していく
（出典：水木しげる『水木しげる漫画大全集』第6巻、講談社、2014年、333ページ）

な側面も強い。しかし、屋根裏の天才科学者が魔法の「指輪」を発明し、世俗権力を転覆させようとする点で、『透明人間』はギュゲスの正当な末裔にほかならない。主人公の名前が「グリフィン」というのも空と地の王権を象徴する怪物グリフォン（鷲の上半身にライオンの下半身）にちなんでいて、実際、彼は独裁者になろうと試みる。注目すべき違いは、透明人間にみられているかもしれないという不安をあおり、恐怖政治をおこなおうとするところである。この主題は二十世紀のディストピア小説を先取りしている。例えばジョージ・オーウェルは、ウェルズの楽観主義を厳しく批判したが、その『一九八四年』（一九四九年）は実のところ『透明人間』の主題と共通している。全体主義国家のいたるところに貼り付けられた「ビッグブラザーはあなたのことを見ています」というポスターは、グリフィンが夢想した独裁国家そのものだからである。

こうした独裁者による監視と窃視は、ギュゲスや龍樹からこのかた、透明人間の物語が性的な侵犯だったことと裏腹の関係にある。そもそも透明人間は男性であることが多い。そのため王妃への窃視は、つまるところ王権への侵犯と重ねられることになる。確かに透明になった男が性的欲望の充足だけにかかずらうという卑俗な輩の末裔は、現代でも事欠かない。[5]しかし、ハーディやウェルズ以降に作られた透明人間の物語は、たとえそれらがポルノグラフィ（的）であっても、ポルノグラフィ自体が抱える本質的な政治性以上に、境界の侵入と侵犯が強調されている点は見落とすべきではないだろう（図3）。これは王権と王妃を簒奪するギュゲスの先祖返りにほかならず、したがって、それらは多かれ少なかれ、社会的に不可視という意味での透明人間の男が、怨恨から（性的な）暴力を「王妃」に加える物語となる。

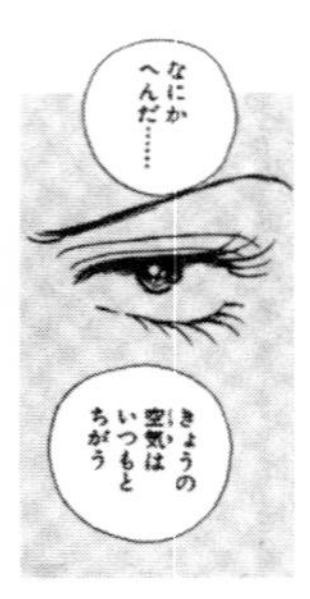

図3　透明になった少年や少女の物語でも、スクールカーストという秩序を攪乱することが多く、これらは1980年代の典型例
（出典：左＝中西やすひろ『Oh! 透明人間』第1巻〔講談社コミックス〕、講談社、1982年、カバー、右＝樹原ちさと『桃色ミステリー』第1巻〔りぼんマスコットコミックス〕、集英社、1985年、52ページ）

ここでは、ピンク・レディーの「透明人間」のヒットを受けて数カ月で制作された日活の『透明人間犯せ！』（監督：林功、一九七八年）だけ挙げるにとどめよう。これは大学の研究室で最下層に追いやられた一研究者が、偶然、透明になる薬を発見したところから始まる社会的承認の物語である。透明になった彼は、職場の女性の助教授、ミクロネシアの王女で政治家との人脈が自慢の「ビデ夫人」（高級クラブ時代のデヴィ夫人を洗浄器になぞらえたのは明らか）、さらには二人組の人気歌手「ピンク・ベビー」（いうまでもなくピンク・レディー）を凌辱し、結果的に「男」ないし「夫」としての居場所と尊敬を略取する。低予算の量産作ではあるが、主人公が無名の大学人という設定は重要だろう。なぜなら大学こそは、人を透明な存在か否か選定する近代社会の装置として、透明である人間の物語では当初から好まれてきた場所だったからである。

2　人として見られない透明な存在の語り——労働者・黒人・移民

冒頭で触れた『日陰者ジュード』で、社会から疎外された主人公が、自らが透明な存在と思い知るのは大学制度であった。労働者階級のジュードは学問に憧れ、環境を変えれば人生が変わるはずと信じて大学近郊に引っ越すが、むしろ「ガラスのように視線が自分を通り越してしまう」苦しみを痛感することになる。この小説は周囲から相手にされず存在感の希薄な人間について、「透明」という比喩を使って描いたおそらく最初の小説である。(6)

ウェルズはX線写真から『透明人間』を着想したが、ハーディが参照したのは、当時、大きく進展したガラスであった。一八五一年、ロンドン万国博覧会の会場になった水晶宮は、大量のガラスを鉄骨にはめ込んだ近代建築の原型といえる建物である。そして同じ五一年、窓への税金(ウインドー・タックス)がイギリスで廃止され、一般人もガラス窓がある家を建てられるようになる。太陽の恵みを受けながら、冷たい風をさえぎり、外を眺められるガラスは、科学と人類が調和する輝かしい未来のシンボルになった。そのガラスをハーディは「疎外」のメタファーとして用いたのである。確かに視線がガラスのように自分を素通りして無視されるという表現は、ハーディ自身がすでに『青い眼』(一八七三年)で使っていて、一種の常套句になっていたことが推測できる。ただし、この表現を硬直した階級社会のなかで無視される存在に使用したのは、ハーディから始まるといっていいだろう。

むろん盲点という主題自体は、エドガー・アラン・ポーの「盗まれた手紙」（一八四四年）以来、推理小説で精妙に磨き上げられてきた。ただそれを「透明人間（インヴィジブル・マン）」として最初に描いたのは、ブラウン神父シリーズで知られるギルバート・K・チェスタトンのその名も「見えない男（インヴィジブル・マン）」（一九一一年）だろう。『日陰者ジュード』以来の階級問題を扱ってはいるが、大きな違いは、一九〇〇年結党の労働党が大躍進した一〇年の総選挙を背景に、もはや労働者を見えない存在として無視できなくなった意識の変化である。殺された被害者は「ものいわぬ召し使い」というロボットを開発して一山当てた男であり、その恋敵は社会主義思想のために勘当された男だった。この召し使いロボットは口答えもせず怠けることもないため、開発者が殺された際、フランケンシュタイン博士よろしく、従順な機械が起こした反乱ではないかと周囲は恐怖する。しかし、犯人は、社会主義者でも機械でも透明人間でもなく、サイコパスの郵便配達人だった。その制服ゆえに誰にも気づかれることがなかったのである。ここでチェスタトンが配達の男が「斜視」であるとわざわざ書き添えているのは、差別と偏見に加えて、彼が周囲の視線を避け、怨恨を抱えていたことをほのめかすためだろう。[7]

チェスタトンは、これまでないがしろにされてきた労働者を扇情的に可視化したわけだが、これを正反対の立場から指摘したのが、マルクス主義思想家のジョルジュ・ルカーチである。ジョン・サザーランドの『ジェイン・エアは幸せになれるか？』（一九九七年）によれば、ルカーチは、レフ・トルストイの『戦争と平和』（一八六九年）や『アンナ・カレーニナ』（一八七七年）には描写されてはいないが、主人公たちの円滑な言動の背後には「見えない召し使い」のはたらきがあったことに注意を促した。この指摘は一九二〇年代のことなのでチェスタトンを知っていた可能性は否定できないが、むしろこれはルカーチ自身の亡命体験に基づく実感だっただろう。一九年に彼はハンガリーからウィーンに亡命したが、非合法の活動家として捜索中だったルカーチが当局の眼をかいくぐることができたのは、ドイツ人将校の運転手に変装していたためだった。ただしルカーチは運転ができなかったので、肝心の運転をしたのは将校役の男であり、道中で腕を負傷したことにして検問を逃れたのだという[8]。

アメリカでは、こうした不可視の存在が階級ではなく人種の問題として焦点化された。なかでもラルフ・エリソンによって『見えない人間』（一九五二年）という一級の小説が誕生している。この語り手の「私」は、冒頭で、自分は黒人であるため「見えない男」なのだと明言し、ウェルズやチェスタトン由来の「見えない男」の疎外感と屈辱を、外からではなく自身の立場から詳述する。ただし、「見えない男」という表現こそなかったものの、人間扱いされないことへの苦しみとその告白は、先行するアフリカ系アメリカ人作家がすでに描いていた。例えばリチャード・ライトの自伝的小説『ブラック・ボーイ』（一九四五年）では、一九二〇年代、「白人の娼婦」のもとで働いていた少年時代の記述に同様の指摘がある。つまり、ベッドで裸を見られても「彼女たちは僕らの前で恥ずかしがることはなかった。僕ら黒人は、人間と思われていなかったから[9]」というのである（図4）。

そもそも、人種であれ階級であれ、都市化が進んだ現代社会の住人は、見も知らぬ他人に常に囲まれ、逆に周囲の人々に関心がないように振る舞うことが求められる。ちょうど『見えない人間』が書かれた一九五〇年代のアメリカで主に中産階級を調査した社会学者のアーヴィング・ゴフマン

図4　「見えない人間」の主題を透明人間による破壊と革命の物語に接続した稀有な漫画『アラバスター』で、皮膚の色で差別され半透明になった主人公は、ラッカーを塗られ凌辱された透明人間に復讐をたきつける（出典：手塚治虫『アラバスター オリジナル版』立東舎、2018年、318ページ）

は、電車などの公共の場でみられるそうした作法を儀礼的無関心（シヴィル・イナテンション）と名づけた。(10)ただし、ゴフマンが『集まりの構造』（一九六三年）で注記しているのは、彼らがまずは相手を一瞥し、存在を認めたあとで無関心に振る舞うことだった。エリソンがいう「見えない男」にはその一瞥がないため、存在を認めようとしない点が大きく異なる。このことを考え合わせれば、現代社会への転換期に、ハーディは誰かを疎外しているのではないかという罪悪感や恐怖と同時に、逆に自分たち自身も見えない存在になってしまうという不安を示唆したことになる。世界中で都市の住人が大半になった現代、見知らぬ他人に囲まれることが日常化し、一瞥さえしない儀礼的無関心はもはや各地で慣習になりつつある。誰しもがどこかで誰かを疎外し、自身もまた疎外されていると意識するようになったとも言い換えられるだろう。

この変化をさらに加速したのがインターネットである。電脳空間では、法に触れるかどうかを別とすれば、窃視が容易に可能であるだけでなく、透明人間のように社会に混乱を引き起こすことも簡単におこなえる。疎外された不可視の存在と、誰が見ているのかわからないインターネットは、当然ながら相性が悪い。異議の申し立ては応酬によって先鋭化し、怨恨と憎悪の悪循環を引き起こす。その点で、最近、Netflix が製作したラルフ・エリソンの『見えない人間』を継承した二つの作品は、今後の新たな展開を示唆するものだろう。一つはインドを舞台にした映画『ザ・ホワイトタイガー』（監督：ラミン・バーラニ、二〇二一年）で、富裕層の運転手として何の疑問も抱かずに現状を受け入れていた男が、ふとした事件から周囲を蹴落として階層を駆け上る物語である。いみじくもその転機は、主人の夫婦が運転手の眼をはばかることなく後部座席で性行為に及ぼうとする場面だった。原作者のアラヴィンド・アディガは、このブッカー賞受賞作を二〇〇八年に刊行した際、ラルフ・エリソンやリチャード・ライトの小説に最も影響を受けたと語っている。確かに、この場面はまさに前述の『ブラック・ボーイ』の独白を人種から階級へと変奏したものにほかなるまい。[11] 牙をむいた主人公はバンガロールの街に出奔し、タクシー会社を興して巨大IT企業の下請けとして働く長時間労働者を主な顧客にして成功する。アメリカのIT企業の社員が眠るあいだ、彼らには見えない場所で、インドの労働者は、それこそかつての主人公がそうだったように、ものの数に入れられることはなくとも、じっと彼らを見つめながら働き続けているわけである。そんな「見えない」労働者たちにインターネットが支えられている実態を描くことで、この小説と映画は、インドのカースト制度を告発するようでいて、その実、車内の運転手と乗客の分断が地球規模で再生産されている事態を見事に抉り出している。

一方、インターネットと「見えない男」を肯定的に結び付けたのが、Netflix オリジナルドラマ『Zero／ゼロ』（二〇二一年）といえる。イタリアに住むアフリカ系移民の主人公は、社会的に不可視なだけでなく、本当に不可視な透明人間になれる能力をもっている。ただし、漫画家を目指す内気な彼にとって悪事は無縁である。なぜか透明になっても使えるスマートフォンとSNS（会員制交流サイト）を駆使して、彼は不動産会社とマフィアの結託を暴き、美化の名の下に追い出されそうになる移民たちのコミュニティを守り抜く。透明になった主人公が、自分が描く漫画のヒーローであるゼロを名乗り、アバターよろしくCGアニメのような造形になるのは図式化された格闘ゲームそのものであり、毒が少ない物語は公民の教科書のようで、そのせいか、目下、シーズン2の製作は不明である。ただし、アフリカ系アメリカ人作家の不可視の問題を受け継ぎながらウェルズ以来の透明人間物語を逆転させて娯楽に仕立て上げたのは、転換点といっていい。アフリカ系イタリア人である作家自身の協力で作られたという点でも、今後、こうした試みを引き継ぎ、先鋭的な透明人間の物語が生まれてくる可能性を予感させるだろう。そもそも欧米の言語では、透明になることと透明であることが同じ「不可視」という言葉で言い表されるため、両者の物語はかくも容易に混交し、娯楽と政治性は分かちがたく相乗りすることになる。それでは、「透明人間」と「見えない男」というように二つを区別して移入した日本では、どのように両者が交じり合ったのか。次節ではその独特の移植と転用を詳しく取り上げたい。

3　日本におけるウェルズ型の「透明人間」とハーディ型の「見えない男」の混交

先に述べたように、日本における透明人間は龍樹の逸話が原型になった。妖術であれご利益であれ、ひょんなことから男が透明になり、人々の私生活をのぞき見したり、物を盗んだりして、はめをはずすスラップスティックな展開が続き、最後に改心という教訓的な結末が付け加わる。[12]社会や国をゆるがせるほどの混乱を引き起こしはしないものの、社会規範を小規模に侵犯するウェルズ型の物語から、近代化を経てハーディが描いたような疎外の物語へとゆるやかに移行していった点で、日本の物語もおおむね欧米と同じ筋道をたどっているようにみえる。江戸川乱歩が展開した都市生活者を「群衆の中のロビンソン・クルーソー」とみなす視点や『続・幻影城』でいう「隠れ蓑願望」の主題は、都市化がもたらす匿名性による欲望の解放という点で、侵犯と疎外が相半ばする中間型と位置づけられるだろう。[13]ただし、日本の場合、透明人間の物語がもっぱら敗戦以降に作られたため、独特の影と屈折を生み出した点は特記しなければなるまい。

日本映画で、おそらく最初に透明人間を主人公にしたのは冒頭でも触れた大映製作の『透明人間現わる』である。アメリカ映画『透明人間』の枠組みを踏襲し、科学によって透明人間となることが可能になったものの、それを科学者が悪用してしまい、自滅する物語である。科学に罪はなく、それを悪用する人間こそが問題という、占領下の科学とりわけ核爆弾への態度が如実にうかがえるだろう。確かに安部公房は『壁』[14]以降の一連の作品でしばしば疎外された人間を透明人間として登場させたが、透明人間の形象として日本で圧倒的な影響力をもったのはまずもって映画だった。

日本社会に透明人間を完全に根付かせたのは、東宝映画『透明人間』（監督：小田基義、一九五四年）だろう。『透明人間現わる』同様、特殊撮影を担当したのは円谷英二である。戦時下に多くの国策映画を製作した東宝と円谷だけに、そして占領終了後に製作されただけに、そこには戦争と帰還兵に対する複雑な感情が盛り込まれている。事実、主人公は、特攻を思わせる特殊部隊の生き残りである。彼は戦争中に開発した特殊技術で透明になって従軍したが、それを誰にも明かすことなく、サンドイッチマンとしてピエロの格好をして街頭に立つ。彼が捧げ持つ広告は、皮肉にも「キャバレー黒船」であり、社会から疎外された「見えない」復員兵に焦点を当てる視線は、同時期の例えば火野葦平の小説とも共通する。映画の冒頭で、透明部隊のもう一人の生き残りが自動車に飛び込んで自殺し、遺書が紹介される展開に、当時の観客は、傷痍軍人らの悲惨な境遇を容易に連想したことだろう。こうして自殺によって明らかになった透明な復員兵の存在に東京は騒然となる。透明人間の仕業に見せかけて犯罪を繰り返す一味まで現れ、その暴力団が先のキャバレー黒船を隠れ蓑にしていることを、ピエロ姿の透明人間がついに突き止める。そして、この復員兵は組織からの誘いを断り、その黒幕を自らを犠牲にして倒し、身体が透明になる秘密を誰にも伝えることなく死んでいく。この結末は、約二カ月前に公開された東宝映画『ゴジラ』（監督：本多猪四郎、一九五四年）で、最終兵器とその製造の秘密とともにゴジラと心中する芹沢博士そのものだ。科学に罪はなくとも、その技術があるだけで人は罪を犯してしまうというわけであり、占領下政策の『透明人間現わる』との違いは明らかだろう。

『透明人間』はヒットし、その後の東宝は、『美女と液体人間』（監督：本多猪四郎、一九五八年）、『電送人間』（監督：福田純、一九六〇年）、『ガス人間第一号』（監督：本多猪四郎、一九六〇年）と同工異曲の映画を製作していく。ただし時を経るにつれ、存在しないかのように追いやられた復員兵が怨恨と未練とともに復活する、つまりは怨霊を描く怪奇映画へと内容が変化していった。旧日本兵が、水爆実験を契機として、あるいは戦前に開発途中だった特殊兵器を完成させて、社会に復讐しようとする一連の物語は、傷痍軍人の存在が周縁化したことをよく示している。[15]

怪作として名高い『電送人間』は、軍需物資を横流しし、その名も「軍国キャバレーDAIHONEI」の経営者におさまった三人に復讐する旧日本兵の話である。金に目がくらんだ上官に殺された日本兵が、十五年の時を経て電送人間として生まれ変わって恨みを晴らす点で、この映画は現代版怪談六部殺しになっている。キャバレーに忍び込んだ電送人間が、日本兵の服装をした軍国キャバレーの従業員にまぎれて神出鬼没を繰り返すのは、忘却されつつある「見えない男」が牙をむく物語とも読めると同時に、旅の六部から金品を強奪して財をなしたあと、殺したはずの旅人が自分の子供に生まれ変わったことに驚く六部殺しの民話をまさに引き継いでいよう。

舞台となる軍国キャバレーは、復員兵や傷痍軍人の影が薄くなっていったそんな当時の風潮を象徴する存在だった。おそらくは新宿の軍隊キャバレー・ダイフクがモデルだろう。「週刊娯楽よみうり」一九五八年九月十二日号（読売新聞社）によれば、同年五月には開店していたとあり、兵士に扮装した男女の従業員相手に上官気分を味わう趣向は、悪趣味と非難されながらも、同店は繁盛したという。このダイフクは、一九五九年に客と思しき男にガソリンをまかれ、甚大な火事に見舞われていて、『電送人間』で旧日本兵が軍国キャバレーを襲う場面は、まだ記憶に新しい同事件から着想を得たのかもしれない。さらに東宝は、海軍の上官と兵卒が戦後になって社長と部下へと逆転してしまう喜劇を描いた『社長太平記』（監督：松林宗恵、一九五九年）でも、かつての上官が海軍キャバレー大和に通う場面を登場させている。映画では元兵卒が軍事用パラシュートから女性の下着を作ることで事業を成功させ、工場が焼けても海軍時代の防火訓練のおかげで元上官が商品を救うなど、海軍の遺産が経済成長へと生かされ、あたかも社会全体が底上げされるかのような希望（支店は開設され、元上官の五十五歳定年の引き上げも決まる）が強調されている。その点で『電送人間』は『社長太平記』の陰画になっている。『透明人間』で哀愁極まるサンドイッチマンを演じた河津清三郎が、『電送人間』では、部下を殺して軍事物資を横領することで戦後のうのうと軍国キャバレーを経営する社長を演じているのは、軍隊時代の職務や人脈で戦後の復員兵たちにはっきりと明暗が生まれたことを期せずして示唆している。

ライトやエリソンが描いたように、人として見られてこなかった存在が透明人間という比喩を使って語り始める日本語の小説も、この『電送人間』と同じ一九六〇年に登場している。人里離れた小屋に隠れ住む共産党活動員たちの性の相手として雇われた「ハウスキーパー」が後日談を語る、平林たい子の「透明人間」である。その後、相手の一人が事業で成功しているのを知り、彼女はほとんど仕事をしなくていいポストを手にする。しかし、会社では「透明人間のように扱」われ、その結果、彼女は姿も心も顧みられず、紅をさした口から笑いが「体液のように、だらしなく漏れている」だけの「透明人間」になってしまうのである。[16]言い知れぬ暴力の後にも無視され続ける女性を、乾いた一人称の語りで浮かび上がらせた「透明人間」は、「見えない男」の主題を「見えない女」として日本で独自に描いた傑作になっている。ただ、この短篇は河野多恵子の激賞にもかかわらず、その後の「透明人間」の物語に及ぼすほどの影響力をもつことはなかった。

というのも、一九六〇年代に話題になったのは「見えない女」ではなく、男性性を無視された経験談のほうだったからである。京都大学のルネサンス史研究者だった会田雄次が、第二次世界大戦後、捕虜としてイギリス軍のビルマの収容所にいた経験を初めて回顧した記録『アーロン収容所』で、そんな逸話を紹介している。会田をはじめとする捕虜たちが収容所の使用人として働いた際、部屋に入るときにはノックをしなくていいと告げられたという。当初、彼らはそれだけイギリス人に信用されていると誤解するが、まもなく単に人間扱いされていないだけという事実に気づく。とりわけ捕虜の一人が最も屈辱的と感じたのは、まさにライトの少年時代の経験そのものであり、映画『ザ・ホワイトタイガー』で運転手である主人公が反旗を翻すきっかけになる出来事と同じだった。[17]捕虜の一人が女性兵士の部屋を掃除しようと入ったところ、「一人の女が全裸で鏡の前に立って」いたのだが、自分が日本兵であることを知ると「何事もなかったかのようにまた髪をくしけずりはじめた」というのである。[18]似たようなことは、戦後まもないアメリカ軍基地にもあったようだ。光瀬龍の『ロン先生の虫眼鏡』によれば、彼が所沢基地内にあったアメリカ兵の家で雑役夫として働いていたころ、彼らは光瀬に全く羞恥心を抱かず、目の前で性行為までおこなったという。「白人のハウス・ボーイ」ではそんなことがなかったため、動物扱いされている強烈な屈辱感を味わわ

図5　左は「見えない男」の疎外を小学生の皮膚感覚で説明した「石ころぼうし」（1974年）の一コマで、同じ主題は、右の透明人間＝幽霊を主人公にした1980年連載当時の代表的な「お色気漫画」にもそれとなく反響している
（出典：左＝藤子・F・不二雄『ドラえもん』第4巻〔てんとう虫コミックス〕、小学館、1974年、165ページ、右＝よしかわ進『おじゃまユーレイくん』〔カルト・コミックス〕、笠倉出版社、2000年、127ページ）

されたというのである。[19]

その点で一九七四年に漫画『ドラえもん』（藤子・F・不二雄、〔てんとう虫コミックス〕、小学館、一九七四—九六年）の一話として登場した「石ころぼうし」は、時代を画したといえるだろう。ここに「見えない男」の苦しみは、幽霊や怨霊を援用せず、文字どおりの透明人間として日本で初めて結び付けられたからである。のび太は、人目を気にせず、好き勝手に振る舞いたいからと透明人間になれる秘密道具をねだるが、手にしたのは、かぶると道端の石のように相手にされなくなる「石ころぼうし」という道具だった。のび太は最初こそ自由を満喫するが、誰にも相手にされない恐怖と苦痛をすぐに実感し、苦労の末に帽子を脱ぎ去り、安堵する（図5）。藤子・F・不二雄は、さして意図しないままハーディ型の「見えない男」の恐怖を受け継ぎ、ウェルズ的な透明人間の物語に巧みに取り込んで、小学生でも楽しめる娯楽に仕立てたことになる。道端に落ちた石ころのように誰も目にとめない「見えない

男」。そんな藤子の着想源は、おそらく山本有三の『路傍の石』（一九三九年、未完）だろう。そもそも『路傍の石』はドイツ教養小説の型を踏襲していて、その題名も道端で蹴られるような「石でさえ叫ぶ」という『聖書』の「ルカによる福音書」（第十九章四十節）に由来している。貧しいながらも勤勉な少年が父親の無理解によって進学を断念させられる『路傍の石』は、無名の石工を主人公とするハーディの『日陰者ジュード』の日本版といっていい。「石ころぼうし」は、そんな「石」もまた抗議の「礫（つぶて）」になりうる原意を見事に継承し、「見えない男」と透明人間という別個に翻訳された不可視の存在を、日本独自の形で混交させた特筆すべき作品にほかならない。

4　見えない男から、見えない女、そして見えない子供たちへ

確かに「石ころぼうし」は画期的ながら、この発想が広く行き渡ったのは十年以上後のことだった。転機は、青い窓の会が福島県の小学生の詩を編集した『お父さんはとうめい人間』[20]である。仕事ばかりで不在の父を透明人間になぞらえた表題の詩は、例えば一九八六年六月十五日付「朝日新聞」の「天声人語」など、広くジャーナリズムの世界で取り上げられて話題になる。こと各種新聞のデータベースを調べるかぎり、学校で無視される状態や家庭で異性として扱われない状態を透明人間と表現する記事は、この詩集以降に登場しており、「無名の労働力」＝「透明人間」と記す池澤夏樹の「スティル・ライフ」[21]を含め、契機になったのは疑いない。

図6　1986年以降、存在感の希薄な父を描く児童文学が続いたなか、これはいじめられた少女が自らを透明人間とみなし、それを少年が勇気づける先駆的な作品
（出典：舟崎克彦作、南家こうじ絵『四年二組のとうめい人間』ポプラ社、1987年、11ページ）

この詩集を受けてだろう、児童文学にも、そんな存在感がない父親を透明人間になぞらえる作品が増え始める。例えば一色悦子の『とうめいにんげんはだれ？』では、仕事ばかりで家に帰ってこない父に娘は「パパ！　とうめいにんげんになっちゃだめ！」と訴え、[22]松浦信子の「おとうちゃん　とうめい人間なんやて」では、逆に「とうめいはムショクなんや」と無職＝無色になったことで透明人間になったと自虐的に語る父が、娘と濃密な時間を過ごし、再就職を果たす。[23]興味深いのは、「お父さんはとうめい人間」というこの小学六年生の詩で、父が見えなくなってしまうのは「会社でとうめい人間目グスリをさす」ためと記しているところだろう。[24]この詩をめぐる記事や物語では意図的と思えるほど無視されてきたが、着想源が『ドラえもん』の「とう明人間目ぐすり」（第八巻「てんとう虫コミックス」、小学館、一九七五年）にあることは明らかだ。つまるところ、「見えない男」としての透明人間は、藤子・F・不二雄に端を発して日本に定着したのである。

むろんIT化と雇用の非正規化が本格的に進んだ一九九〇年代という背景は切り離せないだろう。「お父さんはとうめい人間」では不在を示すくらいの意味だったのが、社会的にネグレクトされ不可視の状態にある人をさす際に、透明人間という表現が徐々に使われるようになっていく（図６）。実際、インターネットによって、他人の言動を人知れずのぞき見ることは、錯覚とはいえ、ほぼ実現することになった。ハッカーのほうがはるかに甚大な混乱を引き起こせる世界にあっては、ウェルズ的な透明人間の物語に新味がなくなったのは当然だろう。九七年の神戸連続児童殺傷事件の犯人が自らを「透明な存在」と呼び、そのような存在にした学校や社会に対して復讐を通告したのも見逃せない。事件はＩＴ化が本格的に進行した時期に広く報道され、ＳＮＳを含め各種メディアで話題になることで、透明人間を否定的に描く風潮が後押しされたといえる。

小林よしのりの漫画『戦争論』（第一巻、幻冬舎、一九九八年）が、アーロン収容所における会田の逸話を扇情的に紹介した影響も無視できまい。「男」の疎外感を強調する内容にふさわしく、この逸話は、電車内での女性の化粧は認められるべきかという矮小化された形で再生産された。男性性が蔑ろにされているという、言いがかりにも似た論争において、例えば澤口俊之・南伸坊の『平然と車内で化粧する脳』[25]のように、車内で化粧する女性には羞恥心がなく、それは脳のせいだと主張する「脳科学者」まで現れた。いうまでもなく、これは単に車内の男性が、化粧する女性にとって心理的に特に性的に不可視の状態に置かれることに不満を訴えているにすぎない。男女ともに用いられる日本語の「（恋愛）対象外」が、英語でいう「性的に不可視（セクシュアリー・インヴィジブル）」と重なり合うようになった副産物というべきだろう。

事実、こうした『戦争論』とその余波も、神戸の事件を受けて宮台真司が刊行した『透明な存在の不透明な悪意』[26]という題名どおりの物語へと収斂していった。そんな転用の一例は、真鍋昌平の

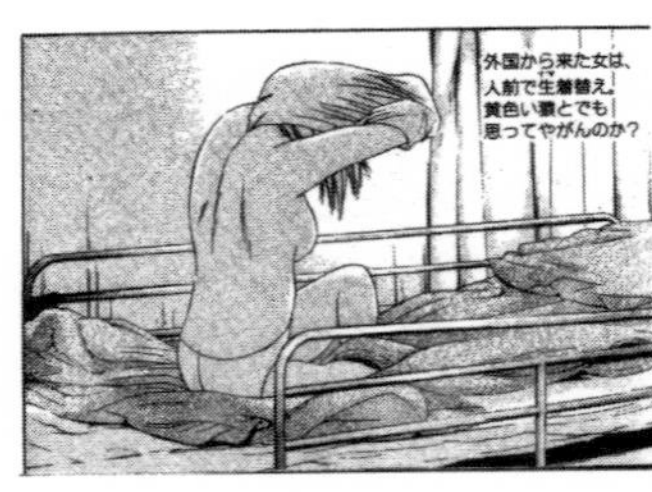

図7　左　格安ゲストハウスで寝泊まりするフリーターが記すという設定の「鬱ブログ」の一コマは『アーロン収容所』の遠い残響、右にある妖怪と噂されるネグレクトされた娘は、「見えない」子供の一変種にほかならない
（出典：左＝真鍋昌平『闇金ウシジマくん』第9巻〔ビッグコミックス〕、小学館、2007年、47ページ、右＝真鍋昌平『闇金ウシジマくん』第14巻〔ビッグコミックス〕、小学館、2009年、63ページ）

漫画『闇金ウシジマくん』（〔ビッグコミックス〕、小学館、二〇〇四―一九年）にみられる。傑作の誉れ高い「スーパータクシーくん」（第十四巻〔ビッグコミックス〕、小学館、二〇〇九年）で、主人公のタクシーの運転手は車内で化粧する女性に対して、その化粧は誰に対してなされているのかと問いかけ、自分がまるで風景のように無視されていることに深く傷つく。その一方で、男は一方的に思いを寄せている女性について、彼女は自分のために化粧していると無邪気に信じ込み、少女の買春に情熱を注ぐ。彼には離婚した妻と娘がいて仕送りに苦労しているが、何ら罪悪感を抱くことなく少女買春を繰り返す。そんな折、タクシー運転手のあいだで、「710円童子（しちてんどうじ）」という妖怪が噂になる（図7）。みすぼらしい娘が、初乗り料金の七百十円で行けるところまでと乗ってきて、バックミラーを食い入るようにのぞき込むというのだ。結局、妖怪の正体は、この主人公の娘と判明する。彼女は暴力的な養父と母に耐えかねて、父が働くタクシー会社を見つけてはそれに乗り、父を探していたのだった。父と娘は感動の再会を果たすが、主人公

は、これまでの買春で膨らんだ借金で窮地に陥る。そしてようやく女の子らしい格好ができるようになった娘を、モデルデビューさせるという名目の買春のため「ネズミーランドの隣にあるホテル」へと自身のタクシーで送り届ける。貧困が貧困を再生産するように、不可視の弱者がさらに不可視の弱者を生み出すわけである。

図8　児童養護施設・星の子学園の群像を描いた傑作『Sunny』では、「星の子」に対して「家の子」が自らを透明な存在だとさりげなくつぶやく
（出典：松本大洋『Sunny』第4巻〔IKKIコミックス〕、小学館、2013年、102ページ）

その点で、「妖怪７１０円童子」はいわば石ころぼうしをかぶったままの少女といえるだろう。そしてこのころから、ネグレクトされた子供を透明人間とみなす表現が珍しくなくなっていく（図８）。そんななか、透明な存在になった子供たちを可視化し、慰霊する物語として人気を博したのが、沖田×華が産婦人科での体験をもとに描いた漫画『透明なゆりかご』（〔ＫＣ　ＫＩＳＳ〕、講談社、二〇一五―二一年）であった。主人公の見習い看護師は、中絶によって死んでいく胎児を、今度は祝福されて生まれてくるよう祈りながら見送り続ける。それは周囲の虐待や無関心によって苦しむ子供といった「透明な子」の存在を見落とさず、負の連鎖を断ち切ろうとする試みでもあるだろう[27]（図９）。『透明なゆりか

図9　養父から受け続ける性虐待を誰にも話せずにいた第5話「透明な子」の末尾
妊娠を告げられるや行方をくらませる男と、眼を開くことなくエタノールに浸され、焼かれるのを待つ胎児が本作には繰り返し登場する
(出典：沖田×華『透明なゆりかご』第1巻〔KC KISS〕、講談社、2015年、128ページ)

ご』は平林たい子の「透明人間」を継承した「見えない女」だけでなく、見えない子供や胎児まで も描いた点で、日本における透明人間表象の一つの到達点になっている。ちょうど藤子・F・不二雄が『路傍の石』から石ころぼうしを生んだように、沖田はエリソンやライトを介することなく、透明であることを疎外の比喩として展開し、しかも浄化の物語として成立させたからである。

おわりに——石ころぼうしをかぶったままの子供たち

冒頭で紹介したPerfumeの歌詞にあるように、透明人間はToo many gainのようでいて、Too many painsであることは、今日の世界ではもはや自明にみえる。疎外感の比喩として、透明人間は小説や漫画はおろか、歌やSNSなどのメディアによって、すっかり定着した。透明な人々の存在に思いをめぐらすべきというルカーチの呼びかけは、百年を経て一定の成果を上げたことになる。

大まかにいって透明人間の物語は、王になろうとした男の物語から、人間扱いされなかった男が声を上げる物語へと変化してきた。古代のギュゲスや龍樹の逸話を科学用語で語り直したウェルズの『透明人間』よろしく社会を攪乱する物語から、近代になってハーディやエリソンが描いたような「見えない男」が苦悩を語り、社会に異議を申し立てる物語へとゆるやかに変化していったのである。前者が娯楽として消費された一方、後者は当初は文学として語られたが、近年では娯楽作品も増えてきた。インターネットによって透明人間的な窃視は可能になる一方、誰しもが多かれ少なかれ不可視の存在になり、かつ不可視の存在に囲まれていることが日常になったからだろう。

同じインヴィジブル・マンという英語が「透明人間」と「見えない男」というように、別々に紹介された日本でも、近代化とIT化のなかで物語は同じように収斂していった。藤子・F・不二雄の「石ころぼうし」は、ハーディやエリソンを介することなく、両者の透明人間の物語を統合し、「見えない男」の物語への基盤を作り上げた。その点で、沖田×華の『透明なゆりかご』は、「見えない女たち」を透明人間として描いた点で特筆すべき作品といえる。これまで透明人間の物語は、ギュゲスや龍樹からこのかた、無数の女性の凌辱を描いてきたが、その後あったはずの妊娠や出産を描くことは皆無だった。あったとしても、それは「ダンウィッチの怪」の異形の子のように、声も姿も顧みられることがない忌むべき怪物がほとんどである。『透明なゆりかご』は、男たちが消え去った後、社会からいなかったことにされ、人知れず廃棄されてしまう胎児とその行く末を描く点で画期的な作品だった。

透明人間が現れるとは語義矛盾であって、現れないのが透明人間なのだとピンク・レディーは歌った。確かに透明人間はいるかいないかわからないため、人々の不安を映し出す。このことは、本来、姿を隠す小道具だった「隠れ蓑」が、むしろ隠したいものをかえって強調してしまうダミーを指すようになったことと重ねられるだろう。『透明なゆりかご』がまさにそうであるように、姿はおろかときには声一つ出すこともなくひっそりと消えていく胎児は、透明な存在を生み出している社会の仕組みや歪みをいや応にもあらわにする。つまるところ透明人間は、見えないものを見えるようにする存在にほかならないだろう。

それだけに『透明なゆりかご』と同時期の日本で、不可視に追いやられた人々を見つけ出し、彼らを透明な存在にした社会の規範や秩序を揺さぶるような成長物語が娯楽として消費され始めたのは注目に値するだろう。先駆となったのは、鴨志田一の通称「青ブタ」シリーズ第一作『青春ブタ野郎はバニーガール先輩の夢を見ない』(二〇一四年)である。本作は高校生の人気女優が学校内で、それこそゴフマンがいう儀礼的無関心にさらされているうちに、本当に透明化してしまう騒動を描く。そんな透明な彼女の存在に気づくのが平凡な高校生というのはいかにもライトノベルな展開だが、それは彼がいわゆるヤングケアラーであることと巧みに結び付けられることになる。(28) 猫田佐文の『透明人間はキスをしない』(二〇二一年)はその同工異曲ながら、冒頭でエリソンの『見えない人間』から「みんな僕を見ることを拒むんだよ」という一節を引き、何者にもなれない高校生の「俺」が、シェルターのような場所で傷ついた透明な人間たちとつながっていく。透明人間を可視化しようとする積み重ねに希望が託されるのは、神戸が舞台だけに、宮台がいう「透明な存在の不透明な悪意」へのレスポンスとみなすことが可能だろう。一方、ポスト『シェイプ・オブ・ウォーター』の傑作といえる漫画が岩飛猫の『透明男と人間女——そのうち夫婦になるふたり』(二〇二一年)である(図10)。存在感が希薄だった透明な男と目が見えない女が視覚以外の感覚によって心を通わせる。しかし、透明な男は目に見えないのが自分なのだからと、彼女に見られることを望むことはない。つまり、二人は「見えない」ことで承認され、結び付くのである。

図10　映画『ちいさな英雄——カニとタマゴと透明人間』と同じく、目が見えない夜香は透明人間の透乃眼を容易に見つけ出す誰にも認知されなかった過去の苦しみを透乃眼が告白し、このコマと同様の台詞を今度は夜香が繰り返すことで、2人は恋人となる
(出典：岩飛猫『透明男と人間女——そのうち夫婦になるふたり』双葉社、2021年、10ページ)

　これまでみてきたように透明人間は社会の陰画となるために、たとえポルノグラフィであれ感動ポルノ（インスピレーション・ポーン）であれ、今後も無数の不安と異議、さらには娯楽を生む原動力として世界各地で現れることだろう。(29)『Zero／ゼロ』などに続く海外の作品が、日本で独自に混交し発展した近年のライトノベルや漫画と共振する日も遠くあるまい。声高に承認を叫ぶことも、制度を激し

く批判することもない、これらの軽やかで緩やかなエンパワメントと連帯の物語は、ハーディやエリソンの透明人間を今後新たに作り替える先駆になるのかもしれない。

注

（1）おそらく日本初の全訳はウエルス『科学小説――？の人』（堀口熊二訳、東亜堂書房、一九一三年）。訳者の堀口熊二の「序」によれば、題目は『見えない人』で予定していたが、書肆の希望で変更したとあり、作中では「見えない人」と訳されている。邦訳が『透明人間』になるのは、映画公開後の一九四二年、三邦出版社刊行の土屋光司訳『ウエルズ科学小説叢書』第三巻が最初だろう。

（2）不可視の存在をめぐる想像力については、Philip Ball, *Invisible: The History of the Unseen from Plato to Particle Physics*, Vintage, 2015 が簡便だが、科学を専門としていて、江戸川乱歩の「透明怪談」（〔一九五一年〕、『江戸川乱歩全集』第十八巻所収、講談社、一九七九年）や「透明の恐怖」（〔一九五六年〕、『江戸川乱歩全集』第二十二巻所収、講談社、一九七九年）、鮎川哲也編『透明人間大パーティ』（〔講談社文庫〕、講談社、一九八五年）同様、歴史的な推移には十分な考察がない。

（3）ギュゲスについてはプラトン『国家』上（藤沢令夫訳〔岩波文庫〕、岩波書店、二〇〇八年）を参照。『龍樹菩薩伝』については中村元『龍樹』（〔講談社学術文庫〕、講談社、二〇〇二年）収録を参照のこと。

（4）Pu Sung-ling, translated by Herbert A. Giles, "The Invisible Priest," *Strange Stories from a Chinese Studio*, vol. 2, Thos. de la Rue, 1880, p. 236. こうした世界各地に伝わる「神々の足跡」に注目したの

が、南方熊楠の一連の論考「神跡考」である。

（5）第3節の図5が典型だが、相手に認知されないむなしさが強調されるのは、後述する豆男物との相違点であり、これは透明人間の疎外感と重ねられる。

（6）翻訳は、トマス・ハーディ『日陰者ジュード』（川本静子訳〔ヒロインの時代〕、国書刊行会、一九八八年）八二ページを参照。

（7）翻訳は、G・K・チェスタトン『ブラウン神父の童心』（中村保男訳〔創元推理文庫〕、東京創元社、一九九三年）ほかを参照。

（8）ジョン・サザーランド『ジェイン・エアは幸せになれるか——名作小説のさらなる謎』（青山誠子／朝日千尺／山口弘恵訳、みすず書房、一九九九年）二六九ページ参照。ルカーチの変装については、Lee Congdon, *Exile and Social Thought: Hungarian intellectuals in Germany and Austria, 1919-1933*, Princeton University Press, 1991, p. 45.

（9）翻訳は、リチャード・ライト『ブラック・ボーイ——ある幼少期の記録』下（野崎孝訳〔岩波文庫〕、岩波書店、二〇〇九年）七四ページを参照。

（10）社会学の見地から、透明人間の物語を鮮やかに分析した清水学『思想としての孤独——〈視線〉のパラドクス』（〔講談社選書メチエ〕、講談社、一九九九年）も参照。

（11）Stuart Jeffries, "Roars of Anger," *The Guardian*, 16 Oct. 2008. 鈴木恵による邦訳のアラヴィンド・アディガ『グローバリズム出づる処の殺人者より』（文藝春秋、二〇〇九年）も参照。

（12）豆のような小男が私生活をのぞき、あるいは他人の魂に入って情事を体験する豆男の物語は、江戸時代の透明人間といえる。詳しくは佐伯孝弘「豆男物の浮世草子——浅草や業平伝説との関係など」（一柳廣孝監修、飯倉義之編著『怪異を魅せる』〔「怪異の時空」第二巻〕所収、青弓社、二〇一六年）を参照。豆男から透明人間への継承は、大映製作の映画『透明人間と蝿男』（監督：村山三男、一九五七年）からもうかがえる。宇宙線研究によって透明になった男が、旧日本軍開発の技術を悪用して蝿のように小さくなった殺人犯と戦う映画で、蝿男が女性の身体のまわりを飛び回る場面は、アメリカ映画『ハエ男の恐怖』（監督：カート・ニューマン、一九五八年）とは無関係に作られたが、それは豆男が着想源だからなのかもしれない。

(13) 江戸川乱歩「群衆の中のロビンソン・クルーソー」（一九三五年）、『江戸川乱歩全集』第十六巻、講談社、一九七九年、一九八―二〇〇ページ、同「続・幻影城」（一九五四年）、『江戸川乱歩全集』第十九巻、講談社、一九七九年、七三ページ

(14) 安部公房「壁」（〔一九五一年〕、『安部公房全集』第二巻、新潮社、一九九七年）参照。なお最晩年の未完の小説「飛ぶ男」や「さまざまな父」（ともに一九九三年）にも透明人間は登場する。『安部公房全集』第二十九巻（新潮社、二〇〇〇年）参照。

(15) 大島渚が朝鮮半島出身の傷痍軍人を『忘れられた皇軍』で取り上げたのが一九六三年であり、翌年の東京パラリンピックには傷痍軍人が大会に編入されている。

(16) 平林たい子「透明人間」（一九六〇年）、『平林たい子全集』第八巻、潮出版社、一九七七年、三九四ページ

(17) 特に映画では、主人公に握手するほどリベラルだった妻が、結局、彼を人間扱いしていなかった落差が強調される。そこから男性性が先鋭化するのは、ギュゲス以来の『透明人間 犯せ！』と軌を一にする。これは同じく大学を舞台にした映画『アレクサンドリア』（監督：アレハンドロ・アメナーバル、二〇〇九年）とも共通するだろう。古代エジプトの女性数学者ヒュパティアは優秀な男性奴隷を評価し、講義でも紹介するが、彼に羞恥心なく浴後の世話をさせるなど、あくまで奴隷としてしか

みていない。それが遠因になり、彼は人間の平等を説くキリスト教にひかれ、キリスト教徒が多数派になったアレクサンドリアで頭角を現し、立場が逆転する。異教徒ヒュパティアが石打ちで殺される前、彼はヒュパティアを絞殺する。この絞殺の場面は入浴の場面と呼応していて、二人は一度も目を合わせることなく、二人は最後まで異なる世界を眺めていたことが示唆される。

(18) 会田雄次『アーロン収容所——西欧ヒューマニズムの限界』(中公新書)、中央公論社、一九六二年、三九ページ

(19) 光瀬流『ロン先生の虫眼鏡』早川書房、一九七六年、一六一ページ

(20) 青い窓の会編『お父さんはとうめい人間——お父さんこっちむいて!』光雲社、一九八六年

(21) 池澤夏樹『スティル・ライフ』中央公論社、一九八八年、六七ページ

(22) 一色悦子『とうめいにんげんはだれ?』(草炎社こども文庫)、草炎社、一九九三年、八二—八三ページ

(23) 松浦信子「おとうちゃん とうめい人間なんやて」、日本児童文学者協会編『金メダルは2年生』所収、偕成社、一九九四年、二四ページ

(24) 前掲『お父さんはとうめい人間』二三一ページ

(25) 澤口俊之/南伸坊『平然と車内で化粧する脳』扶桑社、二〇〇〇年

(26) 宮台真司『透明な存在の不透明な悪意』春秋社、一九九七年

(27) その点で対照的なのは、女性のエンパワメントと自己決定を強調した映画『透明人間』(監督：リー・ワネル、二〇二〇年)である。透明人間から望まぬ妊娠を強いられた主人公は、すべてを自らで判断し決定することが示唆されている。「透明な子」については、トーベ・ヤンソンの『ムーミン谷の仲間たち』(一九六二年)収録の「見えない子」と比較できるだろう。虐待のため自ら透明になっ

てしまった少女が、ムーミンたちの温かい支援によって、ゆっくりと声を上げ、元の姿に戻る話である（二〇一九年には絵本版がスウェーデンで刊行され、各国で翻訳された）。もっとも現実ではこうした快復の例は少なく、罪悪感と後遺症に苛まされることが多い。そんな自身の体験を監督として描いたのが、映画『ジェニーの記憶』（監督：ジェニファー・フォックス、二〇一八年）で、主人公はかつて家や学校で「透明な存在（インヴィジブル）」だったと回顧する少女である。彼女は自分で独自の道を選んだようでいて、巧妙にコーチの男性から性的に搾取されていたことを、当時の記録や友人の回顧から徐々に発見していく。出口がない謎解きではあるが、「盲点」を扱った傑作ミステリーとみることもできるだろう。

(28) 鴨志田一『青春ブタ野郎はバニーガール先輩の夢を見ない』（電撃文庫）、ＫＡＤＯＫＡＷＡ、二〇一四年、猫田佐文『透明人間はキスをしない』（集英社オレンジ文庫）、集英社、二〇二一年。「青ブタ」シリーズで透明化は思春期症候群という心身の乖離ないし怪異現象の一つとして描かれ、高校生篇最後の第九作『青春ブタ野郎はランドセルガールの夢を見ない』（〔電撃文庫〕、ＫＡＤＯＫＡＷＡ、二〇一八年）では、平凡な主人公もまた透明化し、共依存から脱して母を受け入れ、大人になることで彼は元の世界に戻る。なお鴨志田も猫田も、透明人間を認識の問題として捉えていて、いずれもシュレディンガーの猫を説明に用いている。

(29) ネグレクトされた子供たちの共同体を描く『誰も知らない』（監督：是枝裕和、二〇〇四年）が内外から高く評価されたように、彼我の相互影響が加速しているのは疑いない。いみじくも是枝裕和監督『万引き家族』（二〇一八年）が第七十一回カンヌ国際映画祭でパルムドールを受賞した際、審査委員長ケイト・ブランシェットは、レバノン映画の『存在のない子供たち』（監督：ナディーン・ラバキー、二〇一八年）あたりを念頭に置いていただろうこの映画祭だけみても、多くの映画が

「不可視の人々(インヴィジブル・ピープル)」を可視化しようとしている旨の講評を明らかにした。

第3部　怪異を操る

第8章　一九八〇年代の「こっくりさん」
——降霊の恐怖を払拭する「キューピッドさん」の戦略

大道晴香

はじめに

もし本章を「私たちにとって身近な文化である降霊術は」と書き出したとすれば、多くの人が突っ込みを入れることだろう。「いやいや、降霊術はたいていの人にとって身近な文化ではないでしょう（そう思っているのは、怪異に心引かれるあなただけですよ）」と。だが、この「身近」は、あながち的外れな表現とも言い難い。その象徴が「こっくりさん」だ。

現在でも降霊遊戯の代表格になっている「こっくりさん」は、明治期に欧米から持ち込まれた外来の降霊術を源泉としている。一八八七年前後に一世を風靡したとされる「こっくりさん」は、その当時、従来の定番だった巫女の口寄せに代わる新たな降霊術という側面を有していた。ブーム絶頂期に刊行された「こっくりさん」の解説書『西洋奇術 狐狗狸怪談――一名西洋の巫女』の緒言には、表紙に記された原名の「スピリチュアリズム」ではなく、あえてこの題名にした理由に関して「世人の狐狗狸様と称へ又巫女の口寄に似たりと謂ふに拠り馴し称呼を取て耳目に入り易からしめんが為なり」(1)という記述がみられる。ここには、人々の暮らしのなかにありふれたものとして存在していた巫女の口寄せ、そして類似の現象とみなされた「こっくりさん」という、二つの「身近な」降霊術の交わりをうかがうことができるだろう。

しかし、「こっくりさん」が巫女の口寄せと互換性をもつ同質の降霊術かといわれれば、そうではない。違いが顕著に出るのは、招来された霊魂の「制御」の点である。口寄せが地域社会に埋め込まれた習俗となりえた要因の一つには、宗教的専門家の手による降霊の確実性と安全性の保証、すなわち、霊魂の完全な制御があったと推察される。

人間にとって絶対的な他者である神や死者との直接交流は、様々な危険性をはらむ行為である。こうした他界の存在を、本章では仮に神霊の語で包括しておきたい。神霊と接触した人物が心身を病んだり、ときに死に至ったりする話は珍しくない。(2)そのうえ、交流の主導権を神霊側が握った場合、人間は他者の他律性のうちに巻き込まれ、主体的な生を奪われる可能性がある。「霊に取り憑かれる」ことの恐怖はいまもって健在だろう。こうしたリスクをもつがゆえに、降霊は従来、専門家や厳格な手順をもつ儀礼の遂行によって実現されてきた。

日本の文脈と接合した降霊術である以上、「こっくりさん」もまた神霊の制御という課題に直面してきた。とりわけ、戦後の「こっくりさん」をめぐる文化は、憑依や祟りのような恐怖との格闘の産物といっても過言ではない。この点で、降霊遊戯とされるところの「こっくりさん」は、確実で安全な降霊を実現する宗教儀礼としての巫女の口寄せと区別される。では、制御できない神霊の恐怖を克服しようとするとき、「こっくりさん」は宗教儀礼へと近づくのだろうか。

本章では、降霊の恐怖を払拭したと評されている一九八〇年代の「こっくりさん」に焦点を当て、商業コンテンツ（指南書）を対象に、そこに含まれる制御できない神霊の様相から、降霊術としての「こっくりさん」の特性について考えてみたい。

1 「こっくりさん」と制御できない神霊の恐怖

「こっくりさん」の呼称や方法、価値づけは時代やコミュニティによって異同があるものの、歴史的な経緯を踏まえても、特定の装置を用いて神霊の言葉を受け取る、降霊に依拠した占いの技法とくくって差し支えないだろう。以下、類似の技法も包括して「こっくりさん」と言い表したい。

一柳廣孝の研究に基づけば、「こっくりさん」は、一八八〇年代ごろにアメリカから輸入されたウィジャ盤やテーブル・ターニングなどの降霊の技法に、日本の憑物信仰が接合して生まれた文化だとされる。[(3)] ただし、明治期の「こっくりさん」は現代に比して娯楽色が強く、求められたのは「なによりもその遊戯性だった」という。[(4)] したがって、今日まとわりつく恐怖の要素は、初発の段階では希薄だった。明治期の流行を第一次ブームとした場合、現在の「こっくりさん」に直接的な影響力を有しているのは、戦後に起きた第二次ブームである。

戦後の「こっくりさん」ブームは、一九七〇年代から九〇年代まで続いた、日本のオカルトブームの一端を担う潮流であった。当該ブームの特徴は、マスメディアを介した大衆的なコンテンツの消費にある。「こっくりさん」ブームの場合、その牽引役とされたのは、七三年から「週刊少年マガジン」（講談社）で連載が始まった、つのだじろう「うしろの百太郎」と、七四年に刊行された中岡俊哉の『狐狗狸さんの秘密』（二見書房）であった[5]。再び脚光を浴びた明治由来の降霊術は、今度はティーンエイジャーを主要な担い手として、学校生活のなかの「遊び」として過熱していく。ところが、この「遊び」には、「遊び」自体を破綻させるような要素が付随していた。参加者が心身異常を示すトラブルが頻発したのである。

一九七四年六月二十五日付の「読売新聞」には、「こっくりさん」をした宮崎県の中学生が「催眠状態」に陥ったという記事がみられる[6]。ここでは「こっくりさん」を「催眠遊び」と説明し、瞳孔が開き、口がきけない生徒の様態を「催眠状態」と表現しているが、生徒が筆記で応じた「わたしの霊は十三歳の男の子。その霊はわたしが好きなので離れたがらない」という回答は、当事者間において、「こっくりさん」に係る心身異常が霊の憑依という宗教的文脈で理解されていたことを意味している。

「こっくりさん」が、いつから恐怖の要素をまとうようになったかは定かでない。とはいえ、不思議と不気味は紙一重であり、まして人に取り憑くとされてきた狐・狗・狸と結びついた降霊術に、制御できない神霊の恐怖が表出してくるのは時間の問題であった。医師だった竹村猛壽（猛児）による一九三七年刊行の随筆集に、すでに次のような記述がみられるのは興味深い。

祖母が嫌な顔をして、

「「コックリさん」なんかしてはいけないね。お祟りがあると恐いから。」

と云つた。何でも「コックリさん」は狐か鼬鼠が椽の下か何処かに居て其れを動かすので、よく当るけれど其れをする人は長生きをしないと云ふのである。(7)

「こっくりさん」を再発見するに際して、一九七〇年代のオカルトブームは、いつしか付帯するようになった制御できない神霊の恐怖を消費価値の一部として浮上させ、コミュニティごとの差異だったそれを、「こっくりさん」の普遍的な特徴へと押し上げたといえる。事件が散発し、マスコミに危険性が取り沙汰された結果、安易な「遊び」での「こっくりさん」を禁じるべきという世論が形成されることになった。しかし、タブーとされながら、その後も人気が衰えなかったことは、八〇年代にも尽きなかったトラブルからも明らかである。オカルトブーム以降の「こっくりさん」は、常に制御できない神霊の恐怖にさらされてきたのであり、その克服を課題としてきた。そうした流れのなかで登場してきたのが、「キューピッドさん」などと呼ばれる、八〇年代の「こっくりさん」である。

2　恐怖を脱色する「キューピッドさん」の戦略

一九八〇年代の「こっくりさん」は、とりわけ少女たちを担い手とした占い・おまじないブームの影響下で形作られた文化である。[8] 八〇年代の占い・おまじないブームは、七〇年代に始まるオカルトブームと無関係な動向ではない。この時期はほかにも、従来と異なるタイプの新宗教団体の登場や、「精神世界」への関心の高まりなど、日本社会のなかで新たな宗教的ムーブメントが生じていた。高度経済成長の後に到来した非科学的領域に関わる様々な動きを、西山茂は近代化の反動と捉えて「非合理の復権」と名づけている。[9] 戦後の「こっくりさん」を育んだ二つのブームは、いずれもこの大きな潮流の一角をなすものである。

ここからは、一九八〇年代に出版された書籍から、具体相を確認していきたい。宗教学者の川村邦光は、「こっくりさん」現象における解釈の担い手として「民間セクター」「医療専門セクター」「民俗宗教セクター」の三領域を想定していた。「民間セクター」は、「こっくりさん」をおこなった子どもと、彼らを取り巻く親や教員からなるグループである。対して、子どもの心身異常に医学で対処する医師が「医療専門セクター」、霊能力で応じる宗教者が「民俗宗教セクター」に該当し、川村はこの二者を、専門知を司る権威的な解釈の生産主体と位置づけた。[10] だが、オカルトブームがマスメディア主導の現象だった事実に鑑みれば、「マスメディアセクター」というもう一つの権威的な解釈の生産主体について考える必要があるだろう。本章では商業コンテンツを対象とし、当該期の解釈に影響力を有したとみなされる「マスメディアセクター」に光を当てたい。

一九八〇年代の「こっくりさん」を語るうえでまず押さえておくべきは、呼び出す神霊の名称とそのバリエーションだ。そこで参考になるのが、マーク・矢崎『キューピッドさんの秘密』（二見書房、一九八九年）である。マーク・矢崎（治信）は、七九年創刊の占い専門誌「マイバースデイ」（実業之日本社）で人気を博した、占い・おまじないブームの立役者として知られている。中岡の『狐狗狸さんの秘密』と同じ二見書房「サラ・ブックス」からの刊行、しかも、巻末広告に同書の名が挙げられている点からして、『キューピッドさんの秘密』というタイトルが中岡の本を意識してつけられた可能性は高いだろう。本書は、『狐狗狸さんの秘密』に続く、新たな時代の「こっくりさん」の導き手を期待されたテキストだったかと思われる。

表1は、『キューピッドさんの秘密』の第三章「《願望別》キューピッドさんガイド18――願い事によって使い分けるバリエーション初公開」に掲載されている呼び出す神霊の種類と、それぞれに割り当てられた機能をまとめた表である。ここでは表題になっている「キューピッドさん」を筆頭に、十八種類もの神霊の名が「恋」「友情」「勉強」「金運・トラブル」「健康・願望」の五つの願望別に挙げられている。「キューピッドさん」以外にもこんなに呼称のバリエーションがあったのかと、一九七〇年代以降に進行した「こっくりさん」の多様化には驚かざるをえない。

とはいえ、神霊に与えられた個々の名称自体に、さほど大きな意味はなかったようだ。例えば「森のシチュー屋さん」という名の神霊に関して、矢崎は「ある食品メーカーが発売を始めた同名

表1　「《願望別》キューピッドさんガイド18」(『キューピッドさんの秘密』)に掲載された呼びだす神霊の種類と機能の説明(筆者作成)

	呼びだす神霊の呼称	説明
1	キューピッドさん	恋の手段・方法をレクチャーしてくれる降霊術
2	星の王子さま	相手の情報を教えてくれる降霊術
3	分身さん	相手の気持ちを教えてくれる降霊術
4	エンゼルさん	恋に関する悩みを解決してくれる降霊術
5	フラワーさん	友だちの気持ちを教えてくれる降霊術
6	森のシチュー屋さん	自分がどう思われているか教えてくれる降霊術
7	ヘムレスさん	友情の危機に答えてくれる降霊術
8	グリーンさん	友情を発展させる手段を教えてくれる降霊術
9	ファラオさん	いろいろな知識を与えてくれる降霊術
10	文心さん	わからないことに答えてくれる降霊術
11	コンコンさま	お金・おこづかいの情報を教えてくれる降霊術
12	ゴブリンさん	ほしいものを手に入れる方法を教えてくれる降霊術
13	ニッコリさん	いろいろな問題の解決法を教えてくれる降霊術
14	ホワイトさん	困難から逃れる方法を教えてくれる降霊術
15	守護霊さま	身体を守る方法を教えてくれる降霊術
16	ダニエルさん	地球外のことや未来のことを教えてくれる降霊術
17	花子さん	女の子のうわさ話を教えてくれる降霊術
18	妖精さん	やりたいことをかなえる方法を教えてくれる降霊術

のインスタント食品に由来する」ものであり、「姉妹品には『カレーの王子さま』というのもあったが、そのネーミングがこの占いの源流となった星の王子さまにつながるところから」発想されたのではないか、と述べている。[11] また、矢崎が同書と同年に上梓した『キューピッドさん大百科』（実業之日本社）には、先の十八種類とは別に「ラブさま」「マリアさん」、そして「うしろの百太郎」なる神霊の名が記載されている。最後の名称はいうまでもなく、つのだの「うしろの百太郎」からの借用だろう。作品の影響力もさることながら、「森のシチュー屋さん」やほかの神霊の名称と並べて感じるのは、個々の神霊のリアリティーというよりも、連想ゲーム的なノリで決まったかのような、それらネーミングの軽さだ。

名称を通観してわかるのは、みてのとおり、カタカナの多用である。「エンゼルさん」「フラワーさん」「ゴブリンさん」などの表現は、外国語の積極的な使用を物語っている。西洋由来の「星の王子さま」「妖精さん」も、同様の傾向を示していると解されるだろう。ほかには、「狐」の言い換えで「コンコンさん」というカタカナ表現が使用されている。こうした神霊に関する表現の転換について、矢崎は「キューピッドさん」の解説のなかで次のように述べている。

キューピッドさんは、コックリさんがいろいろ問題になって、各地の学校で禁止され出した昭和五十年あたりから、関東地方の中学校を中心に全国の学校に広まっていったものだ。キューピッドさんという名まえの由来は、コックリさんがキツネやタヌキといった人をだます不気味な動物の名まえなので、とりつかれるという不安を感じさせたことが一つ。それと、コックりさんが主に恋に悩む女の子のための恋占いに使われたところから、それなら恋をかなえる優しい天使の名まえの方がいいということで、キューピッドさんが使われ始めたわけだ。[12]

要するに、制御できない神霊の恐怖を喚起する日本の宗教的文脈に置かれた名称をやめ、そうした文脈とは距離をとり、かつ「恋をかなえる」「優しい」といったポジティブイメージをもつ名称へと置き換えることで、従来の「こっくりさん」が抱えていた問題をクリアしようとしたわけである。「星の王子さま」に付された「キューピッドさんも禁止されそうな気配が出ると、しっかり新しいキューピッドさんを作って、ほとぼりをさまそうとする女の子のたくましさが、この星の王子さまを生み出したと言ってよいだろう[13]」という説明からは、名称のバリエーション自体が戦略の産物である様子がうかがわれるだろう。ネーミングに感じた軽さは、表層的なラベルの付け替えという性質に由来するものであると同時に、神霊のイメージ転換による制御できない神霊の克服という、一九八〇年代の「こっくりさん」が取った戦略を表している。

この時期に重視される傾向にあったのは、神霊の存在よりも、むしろ降霊によって得られる効果、いうなれば、自分の人生をよりよく変えていくための実用性である。象徴的なのは、サクセスストーリーを語る体験談の充実だ。

『キューピッドさんの秘密』では、各神霊の紹介にあたって、概要と降霊のやり方のほかに「手記」と題された実践者の体験談を付している。「大好きな彼との出会いのチャンスを与えてくれた（埼玉県　N・真理子　15歳）[14]」といった具合に、神霊に割り当てられた願望に即して、「こっくりさ

図1　マーク・矢崎治信『キューピッドさん大百科』（ヤング・セレクション）、実業之日本社、1989年、表紙

ん」をやって自分はどのように幸せになったかが語られていて、ネーミングと合わせてポジティブイメージの形成に一役買っている。体験時の年齢層をみると、中・高生が十二人と担い手の中核をなしているものの、社会人・大学生六人も含まれている。男女比も女性十人、男性七人（不明一人）とそれほど差はない。これは、幅広い読者層を射程に収める「サラ・ブックス」の特徴を受けてだろう。

一方、「マイバースデイ」と同じ実業之日本社から刊行された『キューピッドさん大百科』の場合、そのターゲットは明確に少女である。両者の違いは表紙を見れば一目瞭然だ（図1）。本書は、子ども向けレーベル「ヤング・セレクション」から出されていた「○○大百科」の一つで、表紙を手がけたさみいぷらうんは、「マイバースデイ」の関連雑誌である「おまじないコミック」でも作品を手がけていた。

巻頭の「もうひとりぼっちじゃない!!」を担当したまさきまきも同様である。このコーナーは「カラー・イラスト・ストーリー」と称された、イラストを主体に文章が添えられた形式の読み物で、少女マンガのワンシーンのようなカラーの美しい作画が目を引く。「転校した中学で、友だちができなくて、暗い毎日をおくっていたわたし[15]」が、「キューピッドさん」のお告げで楽しい学校生活を手に入れる、という筋書きは、まさに学校を生活の場とする少女たちにとってのサクセスストーリーだといえるだろう。中盤にはもう一つの読み物「マンガ・Lにありがとう」が挿入されていて、こちらは恋愛の進展を扱った内容になっている。表紙に付された「キューピッドさんのおかげで両思いになれた」の文言が示すように、恋愛の成就はときに友情に優先する、少女たちにとっての重要案件であった。恋愛と友情の成就を描くこれらの読み物は、同書の読者に対して、「こっくりさん」の実用性を目いっぱいアピールする機能を有していたわけである。

同様の特徴は、一九八四年刊行の美堀真利『コックリさんの不思議』（日本文芸社）にもみられる。「交霊術」の基礎を「こっくりさん」で学ぶというスタンスの同書は、占いよりも「交霊」の色がやや強い印象だが、「こっくりさん」をやってよかったと語る声を収め、そのポジティブな効果を前景化する点で、体験談を恐怖体験の共有に活用した中岡の著作とは一線を画す。先に「こっくりさん」を降霊に依拠した占いの技法と規定したが、降霊に価値を置いた七〇年代に対して、八〇年代は降霊によって得られる占いの側に重心を移したのであり、神霊を後景化することで制御できない神霊の恐怖を遠ざけたと評することができるだろう。この意味で、美堀の本を念頭に置いた一柳の「「こっくりさん」のもつ恐怖を低下させ、占いの要素を強調することで、「こっくりさん」の換骨奪胎を図っている[16]」という、文化変容についての指摘は正鵠を射ている。

ただし、制御できない神霊の恐怖の克服や払拭は、決して「こっくりさん」文化からの恐怖の排除を意味しているわけではなかった。

3 「キューピッドさん」は怖い

パッケージやモチーフの変更によって、制御できない神霊の恐怖が一九八〇年代の「こっくりさん」で緩和されているのは確かだ。その恐怖が完全に排除されているかといえば、そうではない。これまで述べてきた「恋占い」「幸せ」「天使」などのイメージで前掲の指南書を読み進めていくと、おそらく多くの人が違和感を覚えることだろう。なぜなら、恐怖を取り除こうと努めるわりには、恐ろしい失敗談や失敗時の対処法に多くの紙面が割かれているからだ。

最も恐怖とは無縁そうな『キューピッドさん大百科』からみてみよう。恐怖の要素をみじんも感じさせない、かわいらしいイラストの表紙をめくると、違和はすぐに生じる。そこにはカラー刷りで、付録の護符が二枚掲載されている。表題は「幸運の護符」。ところが、それぞれの護符に付された名称は、「幸運の護符」の語感からは程遠い、「犬神守護符」と「死霊駆逐符」である。突然現れた「犬神」と「死霊」の文字は、表紙に描かれた天使との落差を伴って強烈だ。これらが、排除したはずの日本の宗教的文脈をまとった神霊であることは、いうまでもない。しかも、前者は「コックリさんが素直に帰ってくれる」護符、後者は「あらゆる霊にとりつかれない護符」であるという、それぞれ「帰ってくれない」「取り憑く」神霊の存在を示唆している。

読み進めていくと、違和感はさらに増していく。次に挙げるのは、同書の目次と各パートに割かれているページの分量である。

「カラー・イラスト・ストーリー　もう、ひとりぼっちじゃない」（十六ページ）

「PART・1　キューピッドさん、なぜなぜQ&A30」（三十二ページ）

「PART・2　幸せを運ぶキューピッドさん紹介」（四十六ページ）

「PART・3　キューピッドさんなんでも一一〇番」（五十ページ）

「PART・4　マンガ・Lにありがとう」（四十八ページ）

「PART・5　キューピッドさん　安心ルール集」（十六ページ）

「PART・6　悪い霊から身を守る幸運おまじない／おはらいを成功させるポイント」（十六ページ）

「PART・7　災いが去り、ツキを呼ぶ幸運の護符」（十四ページ）

この構成からもわかるように、同書は「キューピッドさん」のやり方の指南書である以上に、トラブルへの対処マニュアルの性格が強い。降霊の具体的なやり方を説明した箇所が「PART・2　幸せを運ぶキューピッドさん紹介」に当たり、「カラー・イラスト・ストーリー」と「PART・4」が前節で言及した読み物に該当しているのだが、それ以外の「PART・3・5・6・7」は、すべて「こっくりさん」で生じたトラブルへの対処法を伝授する内容になっている。加えて、「PART・1」の一部にもトラブルに対する未然の防止策が内包されていて、これを勘案すると、かなりの紙面やパートが、同書ではトラブル対応に充てられているといえるだろう。

とりわけ「PART・3　キューピッドさんなんでも一一〇番」には、本書で最多の五十ページを費やしている。当該パートに収録されている内容は、以下のとおりだ。「1 霊におどされたら／2 霊が帰ってくれない／3 不安を感じる／4 腕がいたい／5 肩が重い／6 変なものを見たら／7 部屋のムードがおかしい／8 悪夢にうなされる／9 かなしばりにあった／10 霊の声が聞こえる／11 霊にとりつかれそう／12 友だちがおかしくなったら」。これらの見出しから浮かび上がるのは、恐ろしいトラブルを引き起こす制御できない神霊の存在である。

美堀の『コックリさんの不思議』にも、やはり「霊障のおきた人たちの実話」を紹介する「PART5 コックリさんで霊障害」や、そうした霊障への対処法を記した「PART6 霊が憑いたとき」が設けられている。「PART6」で説いている「死霊」や「動物霊」の別に即した「符呪除霊法」は、くしくも『キューピッドさん大百科』の付録と重なり合う。なお、護符の活用は『キューピッドさんの秘密』にもみられ、同書では、恐怖の体験談と対処法を解説する「第4章 キューピッドさんとうまくつき合うマル秘術」のなかで、「キツネ」「ヘビ」「その他の動物」が憑いたケースごとに護符を紹介している。このパートには「とりつかれない・呪われないマーク流安心テクニックQ&A」という副題が付されていて、「トラブルを起こさない降霊テクニック」を説いた「第2章 こうすればキューピッドさんを安心して呼び出せる」とともに、制御できない神霊に対処するための知を授けている。

一九八〇年代の「こっくりさん」は一般に恐怖を払拭したと評されることが多く、前節で確認したように、それは一面の事実だ。しかし、指南書の内実に目を向けると、降霊を成功させる方法の提示もさることながら、そこで提示している知の相当な部分が、実のところ失敗への対処法＝制御できない神霊に関する知で占められているのである。制御できない神霊の払拭と定着とは、決して矛盾した状況ではない。当時「マイバースデイ」増刊号で「不思議相談室」のコーナーを担当していた矢崎は、「キューピッドさんについての相談がいま圧倒的に多いことに驚かされる。しかも、この相談のほとんどがキューピッドさんとのトラブルについてだ[17]」と記している。こうしたトラブルに対処し、安全性を確保しようとすればするほど、制御できない神霊の存在感はかえって増していったといえるだろう。と同時に、ここには、神霊のイメージ転換と後景化を図ってなお消えない、「こっくりさん」と不可分な制御できない神霊の存在が映し出されている。

恐怖をもたらす制御できない神霊は従来、「こっくりさん」の失敗であり、排除されるべき要素として評価されてきた。

> 私のところにくる手紙や相談の数は、けっして減ることはなく、逆に日増しにふえているのが現状です。
>
> それは何故でしょうか？　そういう不思議な力に対する関心を皆さん持っていながら、知識のなさからか十分な利用法を知らずに、失敗して霊に取りつかれてしまったり、霊障を受けてしまうからではないでしょうか。
>
> そのような失敗をしないために、また二度と失敗をくり返さないためには、（略）[18]

右に挙げた美堀の文章は、「こっくりさん」文化を担う当事者の評価に当たるわけだが、同様の評価は研究の領域でも共有されている。例えば、川村は「そのような〔憑依：引用者注〕信仰の失われている現代では、憑依ゲームはなかば秘密裏に行なわれ、たえず危険がともなっている。呼びだしたコックリさんが離れなくなるという、ゲームの失敗が起こることがある」[19]と述べている。遊びを破綻させてしまう点で、制御できない神霊が失敗なのは間違いない。だが、それは「排除されるべき要素」として、「こっくりさん」文化のなかに確かに存在してきた。つまり、文化の一部を構成している要素なのであって、そこには「排除すべき」「失敗」である以上に、何かしら積極的な存在意義を探究する余地があるように思われる。

4 「宗教儀礼」にも「遊び」にもなれない「こっくりさん」

「こっくりさん」文化にとっての制御できない神霊の意義について、これまで全く言及がなかったわけではない。たびたび指摘されてきたのは、スリルの探求というニーズである。ブームの火付け役になった一九七〇年代の商業コンテンツは、正しい実践を促す啓発の体をとりながら、明らかに制御できない神霊の恐怖自体を消費の対象と位置づけていた。アメリカの心霊研究家ストーカー・ハントの著書『ウィジャ招霊術』の邦訳版で八六年に刊行された『西洋版コックリさん』（二見書房）なども、同じ趣向をもつ書籍だ。「サラ・ブックス」の「霊界通信シリーズ」に区分される同書は、恐怖体験の列挙でウィジャの恐ろしさをあおるにもかかわらず、ウィジャ盤と指示器を同梱し、降霊の実施を推奨している。そのあり方には、恐怖を欲する読者のニーズが見て取れるだろう。しかし、占いの機能に特化し、恐怖の払拭に注力した「キューピッドさん」系統の「こっくりさん」が、このニーズへの対応を重んじていたかといえば、そうではない。では、スリルの提供とは別の、制御できない神霊の存在意義とは何か。

占い・おまじないブームの文脈に立脚した場合、近藤雅樹の論じた「霊感少女」の議論が参考になる。彼女たちは占いで「お告げ」を授ける役を好む。なぜなら、「「お告げ」をするのは、霊的な存在を担っていることのあかし」であり、そうした霊と関わる特殊な能力こそが、彼女らのアイデンティティを支えているためだ[20]。制御できない神霊に対処する知識の保有が、神霊を制御する力の保有に直結することを考えれば、「キューピッドさん」の知識が失敗の対処法であふれていたのもうなずける。ただし、これは一九八〇年代の文脈に寄り添った価値であって、その背後には「こっくりさん」文化の特性に関わる、より根本的な価値づけが隠れている。

本章が扱った一九八〇年代の指南書で繰り返し強調されるのは、「こっくりさん」が「遊び」ではなく、れっきとした「降霊術」である、という主張である。『キューピッドさんの秘密』で矢崎は、「まず第一に話しておきたいことは、『キューピッドさんは遊びじゃない』ということだ。（略）キューピッドさんは、実際に霊を呼ぶことができる降霊術なのである[21]」と述べている。注目されるのは、この「遊び」とは異なる本当の「降霊術」の特徴を説明するにあたって、制御できない神霊が持ち出されていることだ。「キューピッドさんは、まぎれもない降霊術だ。やり方をあやまると危険をともなうことも事実だ[22]」という矢崎の言葉に内在するのは、「遊び」ではない本当の

「降霊術」であるからこそ制御できない神霊の危険が介在する、という思考である。同様の展開は美堀のテクストにも確認され、やはり「コックリさんを軽い占い遊びだと思われている方が多いようですが、霊を呼び、紙の上の文字を通して話をするのですから、これはもうりっぱな交霊術です」[23]と「降霊術」を「遊び」から峻別したうえで、「目に見えない霊との交信ですから、遊び半分やいいかげんな気持ではけっして行なわないことです。ふざけ半分で行なうと、低級霊につかれ、あとで大変なことになりかねません」[24]と述べている。

つまり、制御できない神霊は、「遊び」から分離された「こっくりさん」の、降霊術としての真正性を保証する役割を担っているのだといえるだろう。この制御できない神霊によって降霊の真正性を主張する戦法は、一九八〇年代に特有のものではなく、すでに中岡の『狐狗狸さんの秘密』にも見て取れる。心霊現象の科学的探究を目指す中岡にとって、「宗教的、信仰的なもの」である憑依は科学と無縁の迷信的な解釈にすぎず、基本的に価値が置かれていない。ただし、霊魂の実在を認める中岡の心霊科学は、「怨霊」のような宗教的文脈を再度呼び込んでおり、「霊魂さんを呼ぶ場合、遊び半分でしてはいけない」と「こっくりさん」を「遊び」から引き離したうえで、「霊魂もわれわれ生きた人間と同じように、意思も行動もあるのだから、遊び半分にやった場合、かならずその報いを受けることになる」[25]と、両者の峻別を制御できない神霊によって正当化している。

明治期に輸入された「こっくりさん」は、元来、遊戯性を重視した娯楽の一種だった。「降霊」と「遊び」とは併存可能な要素だったわけである。オカルトの俎上に載せられた戦後の「こっくりさん」は、「遊び」との決別によって、自らの降霊術としての真正性を主張する戦略をとったのであり、そこで真正性の証左とされたのが制御できない神霊の要素なのであった。したがって、「遊びではない本物の降霊術」という自己のアイデンティティを主張すればするほど、「こっくりさん」は皮肉にも、神霊の完全な制御を志向する宗教儀礼、すなわち、巫女の口寄せのようなプロの降霊術からは遠ざかる。と同時に、「遊び」を破綻させる制御できない神霊のために「遊び」にもなりきれない。

加えて、「遊び半分やいいかげんな気持」と表現されているように、この「遊び」からの離脱が術者の精神面にまで及んで効力を発揮していることも、事態をさらに厄介なものにしている。大衆化された降霊術である「こっくりさん」は、誰でもできる技術だと規定されてきた。要は、専門的宗教者ではなく、素人のための技術と位置づけられてきたわけだ。にもかかわらず、「こっくりさん」では、たとえ正しい手順で実行した場合でも、術者の精神的な未熟さを反映して失敗する可能性があるとされている。素人のための技術を謳いながら、専門的宗教者に通じる精神性が求められる時点で、「こっくりさん」は失敗の危険性が高い、制御できない神霊の恐怖を内包した文化だといえるだろう。

おわりに

矢崎は憑依への対処法を読者に伝授するなかで、「ほとんど正気にもどらないときや完全に人格が変わってしまったようなときは専門の霊能者に一度判断を仰いだほうが無難だろう」[26]とアドバイスしていた。実際、カミサマと呼ばれる青森県の民間宗教者（巫女）に関する調査報告には、「気のふれた人を、昭和五十八年中に、二人も直してやっている。一人は、コックリ様のために気がふれた人である。神呼びし、神占いの後、コックリ様を神送りしないでおいたことが起因なのであった」[27]との記述を確認することができる。つまり、「マスメディアセクター」の知が対処できない部分を、「民俗宗教セクター」が担ってきたのであり、制御できない神霊の存在によって「こっくりさん」は専門的な宗教儀礼と接点を有してきたことになる。

一九八〇年代の事例からみえてきたのは、制御できない神霊をアイデンティティの一部に抱え込んでしまったがために「宗教儀礼」にも「遊び」にもなりきれずにいる、そんな戦後の「こっくりさん」の姿だった。冒頭で掲げた「制御できない神霊の恐怖を克服しようとするとき、「こっくりさん」は宗教儀礼へと近づくのだろうか」との問いに対する答えは、「No」である。なぜなら、それは、克服することのかなわない恐怖を抱えた、恐怖を運命づけられた降霊術だからだ。

注

（1）凌空野人編『西洋奇術 狐狗狸怪談――一名西洋の巫女（いちこ）』イーグル書房小説部、一八八七年、三ページ

（2）例えば、柳田國男『遠野物語』には、この手の話が多くみられる。

(3) 一柳廣孝『〈こっくりさん〉と〈千里眼〉・増補版——日本近代と心霊学』(青弓社ルネサンス)、青弓社、二〇二一年、二一—二三ページ
(4) 同書二五—二六、四八ページ
(5) 一柳廣孝「心霊を教育する——つのだじろう「うしろの百太郎」の闘争」「オカルトの時代と『ゴーストハント』シリーズ」『怪異の表象空間——メディア・オカルト・サブカルチャー』国書刊行会、二〇二〇年、同「「こっくりさん」の変容」、前掲『〈こっくりさん〉と〈千里眼〉・増補版』
(6)「催眠遊びで集団失神」「読売新聞」一九七四年六月二十五日付
(7) 竹村猛壽『診療簿から拾つた話』診療社出版部、一九三七年、一六九ページ
(8) 一九八〇年代の占い・おまじないブームについては、橋迫瑞穂『占いをまとう少女たち——雑誌「マイバースデイ」とスピリチュアリティ』(〔青弓社ライブラリー〕、青弓社、二〇一九年)を参照されたい。
(9) 西山茂「現代の宗教運動——〈霊＝術〉系新宗教の流行と「2つの近代化」」、大村英昭／西山茂編『現代人の宗教』(有斐閣Sシリーズ)所収、有斐閣、一九八八年
(10) 川村邦光『憑依の視座——巫女の民俗学Ⅱ』青弓社、一九九七年、二七—三二ページ
(11) マーク・矢崎『キューピッドさんの秘密——降霊術の不思議』(サラ・ブックス)、二見書房、一九八九年、一〇九ページ
(12) 同書六八ページ
(13) 同書七七ページ
(14) 同書七二ページ
(15) マーク・矢崎治信『キューピッドさん大百科』(ヤング・セレクション)、実業之日本社、一九八九

年、三ページ
(16) 前掲『〈こっくりさん〉と〈千里眼〉・増補版』二四六ページ
(17) 前掲『キューピッドさんの秘密』六ページ
(18) 美堀真利『コックリさんの不思議』(舵輪ブックス)、日本文芸社、一九八四年、一―二ページ
(19) 前掲『憑依の視座』二四ページ
(20) 近藤雅樹『霊感少女論』河出書房新社、一九九七年、四七ページ
(21) 前掲『キューピッドさんの秘密』三八―三九ページ
(22) 同書七ページ
(23) 前掲『コックリさんの不思議』一〇ページ
(24) 同書一八ページ
(25) 中岡俊哉『狐狗狸さんの秘密』二見書房、一九七四年、一五五ページ
(26) 前掲『キューピッドさんの秘密』二五〇ページ
(27) 高松敬吉『巫俗と他界観の民俗学的研究』法政大学出版局、一九九三年、四九六ページ

[付記] 本研究はＪＳＰＳ科研費ＪＰ２０Ｋ０００９０による研究成果の一部である。

第9章　怪異と「遊ぶ」装置
——『トワイライトシンドローム』を手がかりに

橋迫瑞穂

はじめに

一九八〇年代から九〇年代にかけて、「学校の怪談」がブームになったことは周知のとおりである。「学校の怪談」は実際の学校での噂話が生徒間で広まっただけでなく、雑誌やテレビなどのマスメディアを通して社会に知られるようになった。そして、小説や漫画、ドラマ、映画などフィクションの題材にも取り上げられるようになる。そのなかの一つとして、本章が取り上げるホラーゲームが挙げられる。「学校の怪談」がホラーゲームの素材として取り上げられやすいのは、「学校の怪談」として挙げられる「トイレの花子さん」や「こっくりさん」などの内容が魅力的なだけでなく、校舎という空間がゲームの舞台に加工しやすいことが考えられる。

だが、「学校の怪談」がホラーゲームと結び付く理由はそれだけではない。そもそも学校という空間で怪異と「遊」び戯れることそのものが、ホラーゲームときわめて親和性が高いことが考えられるのである。本章は学校を舞台とするホラーゲームに注目して、怪異を「遊ぶ」ことの意味や価値について検討したい。

具体的な議論に進む前に、「学校の怪談」とビデオゲームとがどのように論じられてきたのか整理しておこう。「学校の怪談」については、これまで様々な角度から研究されてきた。(1) なかでも注目されるのが、『「学校の怪談」はささやく』(2) だろう。同書は「学校の怪談」を「ホラー・ジャパネスクの原風景」と位置づけて、怪談の内容だけでなく関連した映画やドラマなどを取り上げて多角的に検討している。

同書で特に注目されるのは、「学校の怪談」がなぜ広まったのかについての一柳廣孝の見解である。一柳は学校を、「個性尊重」が建前とされると同時に、子どもたちに社会的なルールを教育するという矛盾した制度を包摂する場だと指摘する。そのうえで「学校」の怪談とは、学校という空間における「渦のなかから漏れ出てきた隠微な「闇」」(3) だと表現する。さらに一柳は学校における時間にも着目して、「学校に通う子どもたちにとっては一回的・直線的な時間が流れる場であっても、学校自体は同じふるまいを繰り返している」ことから、「循環的な時間が流れている場」(4) と述べている。そのうえで、学校の空間それ自体が「語り部」としての意味をもつことで、「学校の怪談」が生み出されたと指摘するのである。ただし一柳によれば、「学校の怪談」ブームは、神戸連続児童殺傷事件をはじめ実際に学校で起こった事件によって退潮することになった。

ビデオゲームに関しては、二〇一〇年代に入って学術的な見地からの研究が盛んになった。[5]この背景には、ビデオゲームが普及してから時間がたったことや、メディア体験としてのビデオゲームの位置づけに注目が集まったことが挙げられる。中川大地は、ビデオゲームの歴史を追うことによってそれを「拡張現実」のための装置として位置づけて、そこに「遊び」の場としての役割が組み込まれていることに着目する。[6]そのうえで中川は、ヨハン・ホイジンガによる「遊び」についての議論に触れたうえで、ビデオゲームが人間の生にもたらす人間の営みとしての「遊びの原理」に注目することがビデオゲームを検討する際に重要であると主張する。[7]

このように、「学校の怪談」とビデオゲームは、それぞれ多角的な観点から研究がなされてきた。また、それぞれの研究で多様な題材が言及されている。しかし、いずれの議論においても「学校の怪談」を題材としたホラーゲームは注目されていない。

だが、学校を舞台とするホラーゲームは、二つの理由から注目すべき内容を含んでいる。まず、学校を取り上げたホラーゲームは数多く制作されて、「学校の怪談」ブームの一角を形成してきた。さらに、学校を舞台とするホラーゲームは二〇〇〇年代以降もリリースされていて、「学校の怪談」ブームが退潮してからもビデオゲームの領域では安定した人気を集めている。「学校の怪談」についての検討を進めるうえでも、ホラーゲームは取り上げるべき対象といえるのではないだろうか。

そして何より、「学校の怪談」はその根本に「遊び」を有していて、ホラーゲームはそれをあらわにしているという特徴が挙げられる。例えば学校で怪異に遭遇しようとするには、学校という空間を探索したり、「こっくりさん」をはじめとする儀礼のような手順が必要になるが、ホラーゲームではそれが「遊び」としてゲーム内に設定されている。端的にいえば、「学校の怪談」を題材とするホラーゲームは、「学校の怪談」がもつ「遊び」としての性格を、さらにプレイヤーが「遊」ぶという二重構造を有しているのである。この「遊び」の二重構造に着目することは、「学校の怪談」がもつ「遊び」そのものの意味を解きほぐすことになると考えられる。

では、「学校の怪談」をビデオゲームとして「遊」ぶことはどのような意味を内包しているのだろうか。そこには、怪異と「遊び」のどのような関係性が見いだされるのだろうか。

このことを明らかにするために、本章では一九九六年から二〇〇八年にわたってリリースされた「学校の怪談」を中心的な題材とするホラーゲーム「トワイライトシンドローム」シリーズのなかから、第一作の『トワイライトシンドローム』(HUMAN、一九九六年。以下、『トワイライト』と略記)と第四作の『トワイライトシンドローム 禁じられた都市伝説』(スパイク、二〇〇八年。以下、『都市伝説』と略記)を取り上げる。『トワイライト』は、学校で起こる怪異を三人の少女たちが探究し最善の結果を見つけ出すというゲームとして話題を呼んだ。他方で、『都市伝説』は「学校の怪談」を題材として取り上げるだけでなく、二〇〇〇年代の空気感を取り入れたシナリオやゲーム機の変化に合わせた演出がなされたことで人気を集めた。この二つの作品を比較することは、学校とホラーゲームの関係を検討するだけでなく、時代やゲーム機の変遷による「遊び」と怪異の関係にも踏み込んで考察することを可能にする。以上の点を踏まえて、「トワイライトシンドローム」シリーズについて検討を進めていきたい。(8)

なお、議論にあたっては、ゲームの結末について一部明記してある。いわゆるネタバレを気にされる方は、ゲームを「遊」んでから読み進めてほしい。

1 『トワイライトシンドローム』の概要

ではまず、『トワイライトシンドローム』シリーズ第一作である『トワイライト』の概要やゲームの手順について紹介しよう。『トワイライト』はゲームソフトメーカーHUMANから、プレイステーション（SONY）に対応するソフトとしてリリースされた。本作は東京郊外にある雛城高校やその周辺で起こる怪異について、学校で得た噂を手がかりに三人の女子高生を操作しながら探索して謎を解く内容になっている。主な登場人物は、主人公であり高校二年生の長谷川ユカリと、その友人で幼なじみの逸島チサト、それに一年生の岸井ミカである。(9) ゲームは、流行に敏感で交友関係も広いミカが怪異にまつわる噂をユカリとチサトに持ち込んで、二人を夜の校舎や町の裏山、公園などの探索に誘うことがおおよその筋立てになっている。

ゲームの本編は九つのシナリオで構成されていて、プレイヤーはそれぞれのシナリオを一定の条件の下でクリアしないと先に進めない方式になっている。シナリオがゲームでの探索の仕方や要所に出てくる選択肢によって変化する、マルチエンディングを採用している。

ミカが持ち込んだ噂や遭遇する怪異に対して、ユカリたちが納得がいく理由を探し当てたら大吉、謎を残したまま終了すると中吉、怪異に巻き込まれて死亡したり記憶喪失になったりすると凶となる。凶が出るとシナリオの先に進むことができない。ゲームの攻略の鍵を握るのは、分岐場面での選択肢の選び方にある。その分岐点がプレイヤーを怖がらせたり驚かせたりという、いわゆる恐怖演出につながることが多い。

探索画面は横スクロールの一方向画面なため、プレイヤーは複雑なマップを攻略する必要はない。それよりも、校舎や駅などの怪異が発生する場所を隈なく調べることが重要なポイントになっている。『トワイライト』では、ゲームの最終的な行く末を左右する「トイレの花子さん」や、夜中の校庭を走る二宮金次郎像といった「学校の七不思議」などの「学校の怪談」のほかに、学校の裏山にある神社や戦時中の地下壕、事故が多い夜中の駅など、学校以外の場所も登場する。

『トワイライト』は、主に音と絵によって恐怖演出がなされている。特に、夜中の校舎に鳴り響くチャイムだとか、突如として聞こえる水音だとかが織り込まれていて、音が巧みに使われている。なかでも音を使った恐怖演出として、人の声が挙げられる。ゲーム内では基本的に主役の三人の会話をはじめ、探索中のやりとりは字幕で表示されている。しかし、出没する霊などの声は肉声が使われるのである。例えば、電話を通じてかかってくる「あの世」からの声や、学校に出没する亡霊、特に「トイレの花子さん」の子どもらしい声などが挙げられる。

さらに、恐怖演出として写真のような画像を使った画面も注目される。探索画面ではキャラクターが遠景に描かれているが、霊が登場したり怪異が起こった際には画面が大写しになってプレイヤーが驚かされる仕組みになっているのである。ただし、ユカリたちが画面そのものに登場することはなく、ゲームのパッケージや説明書などにも彼女たちの顔は描かれていない。ゲームに登場するキャラクターの個性を強調するのではなく、ゲーム内の登場人物たちによるやりとりに重点が置かれていることがうかがわれる。

2　『トワイライトシンドローム 禁じられた都市伝説』の概要

『トワイライトシンドローム 禁じられた都市伝説』（以下、『都市伝説』と略記）はゲームメーカーのスパイクから、ＤＳ（Nintendo）の対応ソフトとしてリリースされた。[10]『都市伝説』は東京都内にある私立桐塚高校を舞台に、一カ月前に転校してきたばかりの早川ミズキが主人公として登場する。プレイヤーは、主にこのミズキを操作することになる。ほかにも、クラスメートの加賀美リコや霊感が強い泉レイカ、男子生徒の瀬野マサキやオカルトが大好きな桜井ユウタが登場する。さらに、『トワイライト』の主人公だった長谷川ユカリも教師として登場し、ミズキに怪異の謎を解くヒントを出したりアドバイスを与えたりする役回りを担っている。ゲームは「ナナシ」を名乗る人物からケータイに送られてくるチェーンメールをきっかけに、ミズキたちが怪異が起こるような場所を探索するという筋書きになっている。

『都市伝説』のゲーム内容も、全部で七つあるシナリオをクリアしていく方式で、横スクロールでキャラクターを動かしながら探索し、マップに現れるシナリオの分岐点で適切な選択肢を選ぶことがゲームをクリアするのに重要な要素になっている。『都市伝説』で使用されるDSは専用のペンや指で画面を触って操作できるタッチパネルを採用しているため、操作がより複雑化していることに特徴がある。

そして、このタッチパネルとゲーム画面の二つの画面で構成されているDSが、本作では恐怖演出の重要な役割を担っている。例えば「こっくりさん」を呼び出す儀式を画面上で操作している最中に、突然コインが勝手に動きだしたりするといったことが起こる。さらに、怪異現象が起こった場合には、タッチパネルとゲーム画面の両方に登場人物の驚愕した顔の画像が大写しになる。特に『都市伝説』では実際に役者を使って、映画に近い画像を映して見せていることに特徴がある。怪異に遭遇した登場人物たちの恐怖に歪んだ表情のアップは、ゲームの恐怖演出として重要な点と言えるだろう[11]。

ゲームシナリオでは、「こっくりさん」や学校の旧校舎に出てくるという霊などのほかに、廃園になった遊園地などが取り上げられている。そのなかで重要な役回りを担っているのが、「ナナシ」を名乗る人物からのケータイメールである。「学校の怪談」にまつわる噂などを拡散したり、ミズキをはじめとする桐塚高校の生徒を翻弄して怪異に巻き込んだりするのも、このケータイメールが原因になることが多い。さらに、「ナナシ」からのケータイメールは、登場人物たちの微妙な関係性をあからさまにする役割も担っている。

そして、すべて大吉がそろうと攻略できる最終シナリオ「最後の噂」では、ユカリ先生の正体をミズキが調べるという内容になっている。なぜなら、長谷川ユカリはミズキにしか見えず、ほかの生徒には認識されていなかったからである。図書室で過去の新聞を調べたみずきは、ユカリがかつて桐塚高校で自殺していたことと、彼女が学校に留まる亡霊であることを知るという幕切れを迎える。

『都市伝説』の主役であるミズキ以外の登場人物の心情にも焦点を当てていて、群像劇にもなっている。ただし、登場人物たちは必ずしもハッピーエンドを迎えるわけではない。プレイヤーを怖がらせるという意味で、不幸な結末を強く押し出しているのもこのゲームの特徴といえるだろう。

3　ゲームとしての「学校の怪談」

ここからは、ゲームを進めるうえで重要なゲームの操作性と、ゲーム内でプレイヤーに示される恐怖演出についての特徴を整理して比較しておきたい。『トワイライト』と『都市伝説』は共通して提示されたマップを探索することや、重要な分岐点で的確な選択肢を選択することがよりよいクリア条件にたどり着くという点で共通している。さらに、霊を呼び出したり怪異を起こすために、一定の条件を満たす必要があることも共通している。

ただし、両者には差異も見いだされる。特にそれは、怪異を呼び起こすための操作に顕著に表れている。『トワイライト』は操作機種がプレイステーションということもあって、プレイヤーがキャラクターに複雑な動きをさせることが難しい。例えば「はじまりの噂」と題したシナリオでは、プレイヤーは三人のキャラクターを操作して夜の旧校舎を探索したあと、女子トイレで「花子さん」を呼び出すことがゲームをクリアする条件になっている。そのためには、封鎖された女子トイレを探し当てたうえで、ミカが集めてきた情報どおりに三人を三回転させて、ドアをノックする手順を踏む必要がある。

また『トワイライト』でゲームのゆくえを大きく左右するのが、分岐点で選択肢である。それは主に、霊と関係する人々とのやりとりで占められている。例えば「第六の噂　夕闇の少年」のクライマックスで、いじめの首謀者を問い詰めてその罪を認めさせるための分岐点が挙げられる。「第二の噂　音楽室のM・F」は雛城高校で自殺した少女が、生前に音楽教師と交際していたという噂を探りに三人が夜の学校を探索する内容になっている。探索の過程で見つけた手がかりをもとに、少女の真の思いを教師に届けることができたら大吉、できなかったら中吉となる。その際にシナリオの分岐点として重要なのが、深夜の校舎から教師に電話をかけて学校に来るよう説得するシーンである。プレイヤーはユカリを操作して教師の出方をうかがい、証拠をちらつかせながら少女の霊の真意を伝えておびき出す必要がある。選択肢によっては教師の怒りを買って、中吉の終わりに向かうことになる。

一方で、『トワイライト』に対して十年後にリリースされた『都市伝説』では、怪異を呼び出す手順がより複雑になった。複雑化した理由として、触れたように『禁じられた都市伝説』を操作する機種がＤＳに移行して、タッチパネルが採用されるようになったことが挙げられる。先に述べたように、「はじまりの噂　こっくりさん」のシナリオでは、タッチパネルに表示された「こっくりさん」をおこなうための図表にある十円玉に触れて、「こっくりさん」を呼び出す儀式の疑似体験に参加する必要がある。

ゲーム内での操作が複雑化したことを示すのが、「第三の噂　ひとりかくれんぼ」だろう。[12]このシナリオでは、ミズキが住むアパートで起こる怪異を調べるために、リコから「ひとりかくれんぼ」の実行を勧められるという内容である。「ひとりかくれんぼ」とは怪異を呼び起こすためのおまじないの一種で、実際にネットを中心に広まりをみせた。プレイヤーはミズキを操作して、複雑な手順を要する「ひとりかくれんぼ」を正確に実行することがシナリオをクリアする条件になっている。手順を間違えると、凶にたどり着く可能性が高くなる。さらに「ひとりかくれんぼ」に必要なぬいぐるみを刃物で切り裂く作業を、プレイヤーがタッチパネルのうえでおこなうという手順も設定されている。

このように、『トワイライト』と『都市伝説』では、誰しも聞いたことがありそうな怪異との関わりを、ゲームとして画面上でおこなう必要があることに特徴がある。ただし、ゲーム機種の性能のために二つのゲームで重視されている点には違いがある。前者は霊を含む登場人物たちとのコミュニケーションに重きが置かれているのに対して、後者は儀礼そのものがゲームを攻略するうえで重要なポイントになっている。

ただし、ゲーム上でこうした儀礼を執り行うことは、登場人物を怪異に巻き込むことになる。『トワイライト』では正しい操作をすると「トイレの花子さん」が現れて画面に大写しになると同時に、キャラクターだけでなくプレイヤーにも「トイレの花子さん」がささやきかけてくる。『都市伝説』ではプレイヤーが十円玉に触れているうちに、「こっくりさん」に乗っ取られた十円玉が勝手に動きだす過程を体験することができる。

しかしこれらの怪異は、ゲームでプレイヤーを驚かしたり、攻略する対象としてだけ設定されているわけではない。「学校の怪談」を中心とする怪異は登場人物たちの関係性や、さらには心性を浮き彫りにする役割も担っている。次に、この点について探ってみよう。

4 学校空間と怪異

『トワイライト』では「学校の怪談」の存在が、学校が内包する人間模様を明らかにするという役割を担っている。その例として、再び「第六の噂　夕闇の少年」のシナリオを取り上げたい。このシナリオでは、いじめを受けて自殺した雛城高校の男子生徒、タタラキミヒコの霊が体育館に現れるという噂を聞いた三人が、霊との会話を手がかりに生前の人間関係を解き明かし、自殺した理由を探るという内容になっている。

ところでこのシナリオでは、普段は冷静であるにもかかわらず珍しく少年の霊にのめりこむチサトと、それに対するユカリの関係に亀裂が生じる場面がある。いじめた生徒の一人に話を聞いた帰り道に、以下のようなやりとりがゲームでは発生する。

ユカリ：結局、あたしらは部外者だからね。これ以上深入りしても仕方ないよ。（略）だってそうでしょ？　結局タタラキミヒコは自分から逃げ出したんだもの。それについて関係のないあたしらが今さら何言っても仕方ないでしょ。

チサト：…そう…そうだよね…ユカリちゃんは強いもんね…

ユカリ：それどういう意味？

チサト：関係ないって言えちゃう人にはわかんないよ…

ユカリ：わかんなくない！だって死んで何があるの！

このやりとりのあと、ユカリは探索から一度離脱する。ただしこのようなユカリの態度に憤慨するミカに対してチサトは、ユカリは昔から悲しいことがあるとあんな態度をとるので一人にしておいたほうがいいとなだめてもいる。しかし、チサトがタタラと関わるなかで倒れたことから、ユカリがチサトに代わっていじめの首謀者を問い詰める場面がシナリオのクライマックスになっている。その過程で、三人の友情が育まれていく様子もうかがわれる。

このように学校で起こる怪異は、登場人物たちの関係性を浮かび上がらせる役割を担っている。ただしそれだけでなく、「学校の怪談」はユカリ自身を導き救い出す物語としても設定されている。それが、最終シナリオである「第十の噂　裏側の町」である。

このシナリオでは子どもが行方不明になった事件をきっかけに、雛城町の「裏側の町」に迷い込んだ三人が元の世界に戻るまでの顛末を描いている。昭和のノスタルジックな雰囲気をまとう「裏側の町」を探索するなかで、二人から離れてあの世につながる橋を渡ったユカリは徐々に過去の記憶を失い始める。しばらく歩くうちに見つけた、夕焼けに染まった雛城高校の旧校舎に入ると、行方不明になっていた子どもと「トイレの花子さん」に遭遇する。そこで、「花子さん」に「ここにいてはいけない」と諭されたユカリは、記憶を取り戻し、自分の悩みや悲しみと向き合うことで現実の雛城高校に戻ってくるという結末を迎える。ユカリが行方不明になるなか、チサトとミカがユカリを取り戻そうと奔走する描写が展開されている。

こうしたことから、『トワイライト』における学校とは様々な感情が交差するために、それがときに自分自身や他者を傷つける可能性を含む場であると同時に、自分の内面や直面する問題に向き合う場として位置づけられていることがうかがわれる。さらには、生徒を包摂しながらも、学校の外側にある現実へと背中を押す通過点としても位置づけられている。そして学校で起こる怪異の数々は、学校がもつこのような場の性格をよりはっきりと浮かび上がらせているのである。

しかし対照的に、『都市伝説』において学校は少年・少女の閉塞感を象徴して、怪異はそれを強調する役割を担っている。すでにみたように『都市伝説』では「ナナシ」のチェーンメールに誘導されて、登場人物たちが怪異と出会う仕組みになっている。そのなかでは、ミズキをはじめ登場人物たちがしばしば文字どおり学校に閉じ込められるという罠が待ち構えている。

何より閉塞感が際立っているのが、「第五の噂　都市伝説百物語」のシナリオだろう。このシナリオは桐塚高校の生徒に向けて、高校での数々の事件がミズキのせいだとする「ナナシ」からのチェーンメールが送られてきたことから始まる。実際、ミズキが転校してきたと同時に不穏な事件が多発するようになったため、ミズキは学校で孤立した状況に追い詰められる。さらに友人のリコも、片思いの相手であるマサキとミズキの関係に嫉妬して距離を置くようになる。放課後のシーンでは、リコはミズキに本音をぶつけたりすることをしないまま、夕方の屋上にたたずんで次のような心中を吐露している。

リコ：（マサキとミズキがこっそり付き合ってる…）（ナナカたちはそうウワサしてたけど…）（たしかに最近…二人でいることが多いような…）（略）

リコ：（ミズキと友だちでいたい）（…でもあいつのことミズキより知ってるし）（きっと…わたしの方がかわいい）（…いまならまだ間に合う…？）

こうしたリコの悩みに付け入るように、「ナナシ」から好きな相手が誰に好意を抱いているのかがわかるおまじないのやり方を記したメールが届く。学校のプールを使うおまじないを実行したことで、リコは怪異に巻き込まれプールに引きずり込まれて失踪してしまう。そのことに気づいた五人がリコを探し出すために、夜中の学校に探索に出かけるのがこのシナリオのクライマックスになっている。

そして、探索の過程では六人の関係が微妙な均衡を保っていたことや、友情が崩壊する過程が、迫りくる怪異とともに描写されている。

なぜなら、「ナナシ」の正体は六人のうちの一人であり、リコを巻き込んだのは怪異に対して強い力をもつミズキを夜中の学校におびき寄せるためだからである。このシナリオでは、ミズキの力を利用して大地震を引き起こすという「ナナシ」の目的を阻止することができたら大吉、そうでなければ異なるエンディングを迎える。ゲームの最中に大写しになる画像には、各登場人物の憎悪に歪んだ表情がはっきりと描かれている。

そして何より『都市伝説』で学校の閉塞感を象徴しているのが、教師になった長谷川ユカリの存在だろう。触れたようにこのシナリオでは、ミズキがユカリの正体を突き止める内容になっている。長谷川ユカリが学校に取り残された亡霊であることに気づいたミズキに対し、ユカリが「…都市伝説の闇に…引き込まれた人間は…死んでも逃れられないわ」とささやきかけてゲームの幕が閉じられるのである。

5 学校・怪異・「遊び」

ここからは、学校とホラーゲームとの交差を「遊ぶ」ことの意味や価値について明らかにしたい。そのためにまず、「遊び」がもつ意味や価値について触れておこう。(13)

ヨハン・ホイジンガは「遊び」とは日常から徐々に離脱して、「聖なるもの」へと接近する営みであると述べている。そのため、宗教儀礼だけでなく様々な文化の根幹に「遊び」が埋め込まれているとしているが、近代における「遊び」は「聖なるもの」に接近する経路が切断されたと主張している。それに対してロジェ・カイヨワはホイジンガの「遊び」の議論を引き継ぎながらも、近代において「遊び」は「聖なるもの」と切断しているからこそ、特有の価値をもつようになったと指摘している。そのうえで、労働の生産性とは異なる「遊び」に固有の性格や特性があるからこそ、近代では「遊び」が必要とされていると論じている。[14]

こうした見地から捉えると、「こっくりさん」や「ひとりかくれんぼ」は、この世ならざる領域に近づくというホイジンガが論じた「遊び」としての性格をもつと同時に、日常的な空間で好奇心を満たすという、カイヨワがいう「遊び」としての性格をもつものだといえるだろう。特に「こっくりさん」は、学校というきわめて近代的な空間でおこなわれることで、カイヨワがいう「遊び」としての性格をより強くもつものといえる。

しかし、この世ならざる領域に接近する「遊び」という性格が排除されているわけではないため、これらの「遊び」が必ずしも安全というわけではない。それは、ときにそれを執り行う者に対して近代という枠組みを踏み越えさせ、逸脱させるというリスクを要求する可能性がある。そしてそのリスクとは、近代以降に培われた理性や即物的なものへの価値観の淘汰かもしれない。

だが、ビデオゲームで怪異に触れる手順をとることは、絶対的に安全な地点から怪異と戯れることを可能にする。しかも、その戯れはゲームで必ず達成されるという魅力がある。

「学校の怪談」を素材にしたホラーゲームの魅力はそれだけではない。再び、カイヨワの議論を取り上げよう。カイヨワは、一人で「遊ぶ」ものと複数人で「遊」ぶものは、そこでおこなわれるコミュニケーションに大きな違いが現れるだけでなく、「遊び」の先にある着地点に違いが生じることを論じている。すなわち、一人でおこなう「遊び」は内面性との対話が重視されるが、複数人でおこなう「遊び」は社交性がその行方を左右する。したがって、「遊び」とは、それに携わる人間の内面性や人間関係をあらわにする契機になると言える。

一九九〇年代に「学校の怪談」をモチーフとする物語が多く作られたのは、怪異そのものの魅力だけでなく、「遊び」としての「学校の怪談」や学校空間での人間関係を描くのに最適なモチーフだったからではないだろうか。

そして「学校の怪談」を素材とするホラーゲームは、怪異を呼び出す「遊び」の過程であらわになる人間関係そのものが、さらにゲームにおける展開を広げるなかで、「遊び」として取り込まれるという二重の構造を有しているという特徴が見いだされるのである。

ところで、二つのゲームの結末からは、怪異が起こる学校という空間が意味する事柄に違いが見いだされることも指摘する必要がある。すでに述べたように、『トワイライト』で起こる怪異は登場人物たちやプレイヤーを驚かすだけでなく、ときに親しみやすく近しい存在としても表現されている。主人公である長谷川ユカリを導いて、元の世界に戻した「トイレの花子さん」はその典型といえるだろう。また、怪異が学校に潜む複雑な人間関係をあからさまにすることも整理してきたとおりである。こうしたことから、学校という空間自身や他者に対する様々な感情と向き合う場とそのことを通して成長するという、いわば通過儀礼の場としての性格が強調されていることが指摘される。その根幹にあるのが「遊び」であることはあらためて強調しておきたい。

だが、二〇〇〇年代に入ってリリースされた『都市伝説』では、学校は登場人物たちを閉じ込め、外に逃すことがない場所として設定されている。閉ざされた空間のなかで起こる怪異の数々は、登場人物たちの不安や閉塞感を強調し存在を脅かす役割を担っている。また、人間関係が直接的なコミュニケーションよりも、ケータイのチェーンメールに翻弄されているのもその点を強調している。そして何より、ユカリが学校に留まり続ける亡霊としてユカリが描かれているのも、学校の閉塞感を象徴しているといえる。

学校の怪異が通過儀礼として描かれる『トワイライト』と、徹底的に閉塞した状況を示す『都市伝説』の違いは時代によるものなのか、現実の学校の状況を反映したものなのかは断言することはできない。この変化についてはほかの学校を舞台にしたホラーゲームも参照しながら、議論を深めていく必要があるのではないだろうか。そしておそらくそこにもまた、「学校の怪談」やホラーゲームの魅力そのものに関わる事象が見て取れるだろう。

おわりに

最近では学校を舞台とするホラーゲームは、近年では日本だけでなく、アジア地域でリリースされていて、なかには大ヒットした作品もある。学校の怪異を取り上げたホラーゲームがこのような広まりをみせているのは、述べたように、「遊び」がもつ普遍性と密接に関係しているからではないだろうか。このように考えると、学校を舞台とするホラーゲームにはさらに探求すべきテーマが秘められているように思われる。

注

（1）例えば大島万由子「学校の怪談におけるトイレの怪異——昭和から平成を中心として」（日本口承文藝学会編「口承文藝研究」第四十三号、白帝社、二〇二〇年）、常光徹『学校の怪談——口承文芸の研究Ⅰ』（〔角川ソフィア文庫〕、角川書店、二〇〇二年）などを参照されたい。

（2）一柳廣孝編著『「学校の怪談」はささやく』青弓社、二〇〇五年

（3）同書一二ページ

（4）同書一二―一三ページ

（5）例えばゲームのデザインについて論じた松永伸司『ビデオゲームの美学』（慶應義塾大学出版会、二〇一八年）や限界研編、竹本竜都／宮本道人編著、北川瞳／草野原々／小森健太朗／蔓葉信博／冨塚亮平／西貝怜／藤井義允／藤田祥平／藤田直哉『プレイヤーはどこへ行くのか——デジタルゲームへの批評的接近』（南雲堂、二〇一八年）などを参照されたい。

（6）中川大地『現代ゲーム全史——文明の遊戯史観から』早川書房、二〇一六年

（7）Johan Huizinga, *Homo Ludens: proeve eener bepaling van het spel-element der cultuur*, Tjeenk Willink & Zoon, [1938]1958.（ホイジンガ『ホモ・ルーデンス』高橋英夫訳〔中公文庫〕、中央公論社、一九七三年）

（8）「トワイライトシンドローム」シリーズとしてはほかにも、HUMANから一九九七年に『ムーンライトシンドローム』と、スパイクから二〇〇一年に『トワイライトシンドローム 再会』がリリー

スされている。
（9）ゲームディレクターとして須田剛一が担当している。
（10）プロデューサーは阿部浩幸、ディレクターは藤井亮が担当している。
（11）「こっくりさん」はその歴史も長く、複雑な宗教的・文化的背景を有していて、学校での「遊び」として広まったのは一九七〇年代の後半以降と考えられる。「こっくりさん」の歴史については一柳廣孝『〈こっくりさん〉と〈千里眼〉・増補版――日本近代と心霊学』（〔青弓社ルネサンス〕、青弓社、二〇二一年）を参照されたい。
（12）「ひとりかくれんぼ」の詳しい内容については橋迫瑞穂「ぬいぐるみと人形の〈あいだ〉――「ひとりかくれんぼ」を手がかりに」（「ユリイカ」二〇二一年一月号、青土社）を参照されたい。
（13）「遊び」についての議論は、紙幅の都合上詳しくおこなっていない。詳しくは橋迫瑞穂「「聖」なるものへの「橋」――ホイジンガとカイヨワによる「遊び」概念の再検討」（ソシオロゴス編集委員会編「ソシオロゴス」第三十一巻、ソシオロゴス編集委員会、二〇〇七年）を参照されたい。
（14）Roger Caillois, *Les Jeux et les Hommes: Le masque et le vertige*, Gallimard, [1958]1967.（ロジェ・カイヨワ『遊びと人間』多田道太郎／塚崎幹夫訳〔講談社学術文庫〕、講談社、一九九〇年）

第10章　怪異に学び戯れる人々

――妖怪文化を育む虚構の共同体に着目して

市川寛也

はじめに

本章では、地域社会の現場から〈怪異と遊ぶ〉というテーマにスポットを当てる。そもそも「遊び」とは何かという問いに対して、いささか古典的だがロジェ・カイヨワの『遊びと人間』を引用することから始めたい。そこには「遊び」の定義として、「自由な活動」「隔離された活動」「未確定な活動」「非生産的活動」「規則のある活動」「虚構の活動」といった特性が挙げられる。[1]このなかでも筆者が着目するのは「虚構の活動」としての側面である。カイヨワによれば、遊びには「日常生活と対比した場合、二次的な現実、または明白に非現実であるという特殊な意識」[2]が伴うとされる。これに倣えば、非日常との遭遇とも呼ぶべき怪異は、すでにそれ自体が「遊び」としての性質を内包していることになる。

この文脈において、怪異と遊びとの関係について二つのパターンが想定される。すなわち、怪異を「現実」として捉える場合と、「虚構」として捉える場合である。前者は、怪異が実際に起こることを信じる（あるいは期待する）ことによって成立する。そこに求められるのは、恐怖の感情と結び付くようなリアリティーである。いわば、怪異の（追）体験だ。後者では、怪異を「明白に非現実である」と認識しながらそれを楽しむことになる。したがって、必ずしも恐怖の感情を喚起するのではなく、むしろ一種のユーモアとして扱われることも少なくない。本章が対象とする事例も、その多くは怪異を「虚構」として楽しんでいるものが多い。そして、そこではしばしばキャラクター性を伴う「妖怪」が主役に躍り出る。以下、妖怪文化の現代的活用の視点から〈怪異で遊ぶ〉方法について考察を進める。

1 「現実」と「虚構」のあいだで

一口に妖怪文化の活用といっても様々な形態がある。ここで一つの尺度として実施主体に目を向ければ、行政主導のものと民間主導のものとに大別できる。前者の事例としては、『遠野物語』を基盤とするまちづくりに取り組んできた岩手県遠野市や、水木しげるロードの整備を進めてきた鳥取県境港市などが挙げられる。これらは、基本的には既存のコンテンツを活用した観光事業として位置づけられる。一方、民間主導で展開される事例のなかには、外から人を呼び込むよりも、住民の「遊び」に重きを置いているものも少なくない。その一例として、福岡県田主丸町（現在の久留米市）に着目する。

一九五七年に田主丸を訪れた福田蘭童は、町の印象について「カッパと名乗った広告が至るところにはられている」[3]と記している。これに先立つこと二年前、五五年七月十三日に田主丸の住民を中心に「河童族」なるグループが結成された。『田主丸町誌』によれば、「火野葦平との出会いに触発された田主丸の小さなグループの間で河童信仰の遺産を掘り起す機運が一気に高揚した」[4]ことが契機になったとある。折しも五〇年代は、清水崑が「週刊朝日」（朝日新聞社）誌上に「かっぱ天国」を連載し、黄桜のコマーシャルキャラクターとして「かっぱ」が使用され始めるなど、世間はちょっとした河童ブームの様相を呈していた。ご存じのとおり、火野葦平も河童を題材とする作品を数多く発表している。結成当初の河童族は、「火野葦平を精神的支柱とする風雅人たちの集まりに近かった」とされ、火野自身も顧問として参加していた[5]。この意味で、これは一種の文芸同人サークルでもあった。

その一方で、もう一つの社会的背景として、一九五四年に完成した「夜明ダム」の存在も見過ごすことはできない。このダムの完成によって、筑後川の流れとともに「川を舞台にしてきた生業や人の流れ」は一変した。こうした状況に対する危機感が結成の動機になったことも指摘されている[6]。ここには、川という自然環境の吉凶両面に対する人々の暮らしのあり方が直接的に反映されている。その際、ダムが完成する前年（一九五三年〔昭和二十八年〕）に、田主丸は大水害に襲われている。その際には「28河童」という石像もつくられた。言わば、田主丸において、河童は単なる妖怪ではなく、地域に根差した信仰として祀られる対象であった(7)。

「河童族」では、月例の放談会に加えて、土産物の考案や河童の石像の建立などをおこなってきた。また、一九八二年には田主丸青年郷土史会のメンバーによって「田主丸子河童族」が結成されている(8)。当初は「(親)河童族」と「子河童族」が併存していたが、高齢化に伴って「子河童族」が「河童族」の後継を担うことになった(9)。その引き継ぎの際に、「巨瀬川のほとりに河童族の祠を建てること」「河童族の主催による河童まつりを開催すること」「地域の活性化のために地元のお祭りに参加すること」が要望されたという(10)。これに従って八六年に始まった「河童まつり」は、毎年八月八日に開催されてきた。祭日には、宮司による神事が執り行われた後、地元の小学生が河童神輿を担ぎ、町中の河童像にキュウリなどを奉納しながら練り歩く。巨瀬川には水上ステージが設けられ、この日に限っては子どもたちも自由に川で遊ぶことができる。年ごとに交代する「河童族」の頭に受け継がれている「九千坊本山田主丸河童族訓」には、「河童大明神大祭は八月八日と定めきうりなす鯉酒をそなえ、頭は上下着用し世の平和楽土を祈り河中に酒を酌みかわし幸福に

写真1　28河童（福岡県久留米市田主丸）（筆者撮影）

感謝し一日のかっぱ天国を現生すべし」とある。(11)

一連の活動は、地域の外側から人を呼ぶ観光イベントとしてではなく、住民のための祭りとして開かれてきた。信仰の対象としての河童を基盤としながらも、虚構の「かっぱ天国」を現出させようとする遊び心のあらわれである。そこには、一九八〇年代後半に日本各地で結成された「かっぱ村」との同時代性も見いだされるだろう。民間主導の取り組みはやがて行政にも影響を及ぼし、八六年には当時の自治省による「まちづくり特別対策事業」として「緑とかっぱのまちづくり」が採択されている。その後、「ふるさと創生事業」では、河童の形をした駅舎が整備された。二〇〇五年には合併に伴い久留米市に編入されたが、現在も同市のイメージキャラクターとして河童をモチーフにした「くるっぱ(12)」を採用するなど、地域アイデンティティとしての河童はいまも受け継がれている。

2 地域学における怪異・妖怪——「遊び」と「学び」

ここで妖怪文化の活用を分析するもう一つの観点として、そのベクトルが地域共同体の外側と内側のどちらに向けられているかという軸を設定することができる。前者は地域外から訪れる人々をターゲットとするものであり、その主たる方法としては観光が挙げられる。これに対して、後者は地域の内部で楽しむことに主眼が置かれる。田主丸の事例はいわずもがな後者に該当する。無論、両者は相互背反的に区別されるものではなく、観光目的の事業を住民が楽しむこともありうるし、地域内部に向けた取り組みが結果的に観光資源として認知されることも大いにありうる。あくまでもその出発点における動機の差異として設定するものである。

そのうえで、本章では地域の内側に向けられた実践にスポットを当てる。青森県弘前市で一九七七年に発足した「お化けを守る会」もそうした事例の一つと言えるだろう。弘前市に生まれ、詩や版画、装丁など幅広い分野で活動した蘭繁之を中心とするこの会では、会誌「妖しきめるへん」の発行、幽霊や化け物の落語や講談などの噺を聞く会、各人の怪談噺を聞く会、妖怪絵や版画などの展覧会の開催、妖怪変化の場所の訪問などをおこなっていた。[13]「妖しきめるへん」の第一号には、「本物のお化けを守るために、このような会を作りました。まったくのユーモアとおあそびでありますが、しかし毛筋のよだつ物が出てくるのではないでしょうか」[14]と記される。また、同会の案内状として発行された「お化け版通」の第九号には、会員募集の呼びかけとともに「シャレッケのある人生を送ろうではありませんか」[15]とある。これらのフレーズからは、先ほどの河童族と同様に「風雅人」の集いとしての性格がにじみ出る。

一九七七年九月二十五日に開催された初回の会合では、弘前市の正伝寺で幽霊画のスライド投影などがおこなわれた。当時の正伝寺は「ねぷた和尚」としても知られる長谷川達温（たつおん）が住職を務めていた。この寺院をめぐっては、渡邊金三郎と光惇の断首図を描いた二点の掛け軸にまつわるエピソードでも知られる。これらはもともと蘭繁之が所蔵していたものだが、この掛け軸を入れていた簞笥が音を立てて震えたことを気味悪がり、友人でもある達温和尚に預けて供養することになったという。七四年の出来事だ。この掛け軸はテレビでも紹介され、その際に掛け軸のなかの目が開いたとして話題になった。[16]「お化けを守る会」がしばしば寺院で開かれた背景には、彼岸に合わせて幽霊画などの供養をおこなうという目的もあったようだ。七八年九月十五日に開催された会合では、弘前市の革秀寺で「立版古芝居」[17]が上演された後、「般若湯」と精進料理で懇親会が開かれた。

そもそも、この会にとって「お化け」とは何を意味していたのだろうか。「妖しきめるへん」第十二号の「あとがき」では、藤沢衛彦、柳田国男、井上円了、江馬務、日野巖、阿部主計の言葉を引きながら、「時代の見方で又それぞれの主題があり、探索の意味がある」[18]として、あえて定義を一つに定めていない。いわば、「妖しきめるへん」という造語はそれらの総称として用いられているわけである。[19]実際、会誌上では、会員の体験談や絵画や詩などの文芸作品、あるいはエッセーなど、それぞれの視点から捉えたお化け、幽霊、化け物、妖怪などが混然一体になっている。こうした裾野の広さが、「現実」としての怪異と向き合う姿勢と「虚構（メルヘン）」としての怪異を楽しむ姿勢の共存にもつながっていたのではないだろうか。それはまさに、地域に縁がある文化人の交流から生まれた遊びの場であった。

「お化けを守る会」を含め、地域の内側に向かう怪異・妖怪文化の活用は、住民の地域（「郷土」とも言い換えられる）に対する思いや愛着が動機になり、広義の「学び」のプロセスとともに立ち上がることが多い。ここでの学びの共同体は、いわゆる「地元学」や「地域学」にも通じる。宮城県を中心に「地元学」を実践した結城登美雄は、これを「地域の暮らしを良くするための道具のひとつ」[20]とした。

今日では、日本各地で地元の妖怪を調査し、様々な形で発信する事例がみられる。二〇一二年に発足した「あいち妖怪保存会」では、愛知県に縁がある妖怪を保存しながらそれらを楽しむ活動を展開している。あるいは、二〇年に「アマビエ」ブームの火付け役になった大蛇堂も、「宮城妖怪事典（仮）」の調査協力のもと同年に「宮城の妖怪展」を開き、それに合わせて冊子を刊行している。このように、住民が自分たちの暮らす地域を学び楽しみ、各自の手法を通してアウトプットする試みに「怪異と遊ぶ」ことの意義を見いだしたい。

3　「四国の秘境　山城・大歩危妖怪村」の前史——秘境と開発

以下、この意義に照らし合わせながら、徳島県三好市山城町の人々と妖怪との戯れを取り上げる。この地域では、一九九九年に「こなきじじい」の伝承が発掘されたことをきっかけに、妖怪文化の活用を進めてきた。二〇〇八年には住民主導のもと「四国の秘境　山城・大歩危（おおぼけ）妖怪村」（以下、適宜、大歩危妖怪村という表記を併用する）を結成し、現在では同地の観光資源として認知されている。まずは、近世から近代にかけての地域イメージの変遷をたどりながら、妖怪村の誕生までの前史をひもとく。

近世の大歩危

そもそも、「四国の秘境」を自称しているように、大歩危を含む徳島西部エリアはしばしば「秘境」というフレーズとともに語られてきた。(21) はたして、このような地域イメージはどのように形成されてきたのだろうか。近世の大歩危周辺の様子については、一八〇〇年ごろから〇三年ごろに描かれたとされる『三好郡三名大絵図』（徳島市立徳島城博物館蔵）に詳しい。そこには「三好郡山城谷境白川口小歩怪入口」や「大歩怪出口上名藤川谷」といった文字も書き込まれている。また、元木蘆洲の『灯火録』（一八一二年）には次のように記される。

三名歩怪路　三好郡西宇名・上名・下名これを三名と云ふ 北下名より山城谷への通路大ぼけ小歩怪と云所あり 見上れば十町ばかり削りたるがごとき絶壁 見下せば五六丁又は三五丁はるかに土佐川の流幽玄にして岩に逆まく白波あまた流 眼くるめき足戦ふ かかる所をひたたの岩の皺を足がかりにして往来するなり(22)

ここに「通路」とあるように、そもそも大歩危・小歩危は断崖絶壁の道をさす言葉だった。図らずも「歩怪」の字が充てられている点はどこか予言的である。このような道が景勝地として発見される背景には、近代化の影響が少なからず反映されている。一八八六年に工事が始まった三好新道により、「険路の大歩危・小歩危を昇り降りすることなく、平坦な道で人力車の車上から吉野川を眺められるようになった」ことで「景観の素晴らしさが〝発見〟される契機となった」[23]とされる。道の整備によって足元を気にせずに景色を眺めるゆとりも生まれたわけである。九〇年には現代にも続く遊覧船の運行も始まった。そうして二十世紀はじめにはすでに広く知られるところとなり、石毛賢之助編『阿波名勝案内』（黒崎書房、一九〇八年）にも掲載されている。

道路僅に山の半腹を通じ、北陸の親不知の険と並び称せられしほどの悪路たりしも、三好新道通じて以来土佐に至る要路となり、巾車を馳する亦離からず、而かも其風景の美なる豊前の耶馬溪に比するに足るべく、昔時嶮悪比びなかりしの地、今は県下名勝の地として騒人の口にのぼるに至れり[24]

この時点ではすでに大歩危・小歩危が「名勝」として認知されていたことがうかがえる。しかし、道が開通したとはいえ、大歩危を含む祖谷地方にはまだまだ「秘境」としてのイメージが付随する。一九二七年の『風景お国自慢』には「外来の文化に恵まるゝこともなく、いまだにその言語風俗は中世の遺風を留めて、一種の秘密境となつてゐる」[25]とある。あるいは、三四年の『趣味の旅行案内』には「不思議な原始生活の集団　奇怪極まりなき屈曲と、断落の限りを展開して見せるところ」[26]といった言説がみられる。これらは大歩危峡からさらに上流に入った奥祖谷を対象とする記述ではあるが、地域の外側から向けられるまなざしはまさに秘境としてのそれであった。

近代化と大歩危の開発

一九三五年には、現在の大歩危駅と小歩危駅を含む土讃線の三縄駅―豊永駅間が開通する。[27] ただし、当初の駅名は「阿波赤野駅」と「西宇駅」であり、五〇年にそれぞれ「大歩危駅」と「小歩危駅」に改称された。これ以降、大歩危・小歩危が「真に観光地として脚光を浴びるようになった」[28] ことが指摘されている。さらに、六七年に国道三十二号線が整備・開通されると、「観光資源としての大歩危小歩危は（略）以前とは比較にならぬ価値を加えてきた」[29]。観光地化が進む一方で、五〇年には国土総合開発法に基づく吉野川総合開発事業として、小歩危ダムの建設が発表された。仮にこの計画が実行されていれば、いまごろ大歩危・小歩危は水の底に沈んでいたことになる。それでも、現代を生きる我々がその景観を直接目にすることができる背景には、ダム建設反対をめぐる住民運動があった。

これは、観光資源としての意義とあわせて学術的意義を念頭に置いたものでもあった。実際、一九五三年には、大歩危含礫片岩が県の天然記念物（地質鉱物）に指定されている。また、「国定公園に指定をしてもらえばダムができなくなる」という専門家からのアドバイスを受け、それに向けた運動も進められた。[30] 結果的に、六四年に剣山周辺が国定公園に指定されたが、大歩危・小歩危についてはダム底に沈むとして対象から外されている。この時点でも、ダム建設は既定路線だったわけである。六八年には山城町教育委員会が徳島県教育委員会に対して大歩危を国の特別記念物に指定するように申請書を提出した。[31] 同年には、山城町の商工業者が小歩危ダム建設反対同盟会を結成するなど、住民による反対運動も過熱化していった。このようなエネルギーに押されるように、七一年に小歩危ダム建設中止が決定された。

時は流れて二〇一四年、一連の運動をまとめた冊子『小歩危ダム阻止闘争と吉野川の濁り問題』が上梓された。そこには「住んで働いている住民、自らの地域社会を創り直していく主体、地域社会の変革主体に成長していく歴史の道すじこそ、大歩危・小歩危そしてこの地域社会を住民の手で守り豊かに発展させていく道すじ(32)」だったと記されている。これは、「地域の中に生きる自分の生き方を問う（自分とは何か）と同時に、より良い地域をつくることに主体的にかかわっていくこと」へと接続する「地域学」そのものである(33)。

4　大歩危妖怪村における「虚構」と「現実」

大歩危妖怪村の結成へ

小歩危ダム反対運動は生活に直結した切実な地域課題に根差していたわけだが、一九九〇年代に入ると地域づくりはまた新たなフェーズへと突入していく。先に挙げた冊子の最終章では、「大歩危、小歩危の景観を背景に大きく浮かびあがり世界にそして国内に羽ばたき、この地域の活性化に大きな役割をはたしているもの(34)」として大歩危妖怪村を取り上げている。この「虚構の村」が誕生した背景には、九六年に開館した「ラピス大歩危」と九七年に結成された「藤川谷の会」がある。

写真2　妖怪と戯れる様子（2012年11月25日の「妖怪まつり」にて）（筆者撮影）

「ラピス大歩危」は、国道三十二号線沿いに石の博物館と観光情報館の複合施設として建てられ、第三セクターとして運営されている。石の博物館には、当時の館長が世界各国で収集した石のコレクションが展示された。これは、大歩危峡が地質学的に貴重な学術資料であることとの縁による。一方の「藤川谷の会」は、吉野川に注ぐ藤川谷川沿いの住民によって組織されたボランティア団体である。会則によれば、「藤川谷周辺の藤の花や、紅葉、山吹などを育てつつ清流をいかし渓谷美の保全発展」を目的とするものであり、藤や紅葉などの植栽、藤川谷の清掃や清流維持などの環境整備に取り組んできた。ただし、これらが立ち上がった時点では、まだ妖怪の気配はない。

そのようななか、一九九九年に徳島の郷土史家・多喜田昌裕によって「こなきじじい」の伝承が発掘された。これをきっかけに、「藤川谷の会」によって「児啼爺」の石像を建立する運動が始まる。これと時期を同じくして、地元出身の下岡昭一によって山城町に残る妖怪伝承の調査が進められた。とはいえ、文献資料はほとんど残っていないため、その多くは聞き取り調査による。その結果、それまで文字化されることのなかった民間伝承が続々と記録されていった。このプロセスは、「あるもの探し」から「地域資源カード」を作成する「地元学」の方法に通じる。[35]無論、相手は「目には見えないもの」ではあるが。

二〇〇一年には、藤川谷沿いに水木しげるが描いたイメージそのままに「児啼爺」の石像が設置された。このように、当初は有名なキャラクターを出発点とした取り組みだったが、早い段階から多種多様な地域固有の伝承が発掘されていたことが活動の幅を広げることにつながっている。「藤川谷の会」が主催する妖怪まつりでは、地元の妖怪が着ぐるみとして次々と造形化されていった。二〇〇七年には、これらの着ぐるみの常設展示室が「ラピス大歩危」の一画に設けられた。

妖怪と遊ぶ人々

一連の活動の延長線上において、二〇〇八年に任意の団体として「四国の秘境 山城・大歩危妖怪村」が結成された。さらに、とある体験談が各種メディアを通じて注目を集めるようになる。体験者は一九三五年生まれの女性である。子どものころに藤川谷川で弟と一緒に魚をとって遊んでいたところ、蓑を着た裸足の「何か」が山から下りてきたという。正確な年代については明らかではないが、四〇年代半ばの出来事と考えられる。筆者が聞き取りをおこなった際には、当時の状況について次のように語っていた。

私と弟がその指先に水付けてその人にこうしてぴゅーっとかけたんよ。子どもじゃけんに。そんじゃこの首のとこ濡れるやろ。それがいやだったんか知らんけど、まだ遊びたいけん。歩きよっちゃこうして私と弟と見よるんよ、そしてまたちょっと歩きよっちゃまた遊びたかったんか、見よってな、そして上あがっていく。[36]

この存在が「妖怪」であるか否かについては別の議論が必要だが、記憶の片隅に残る不思議な出来事だったことは間違いない。本書のテーマに従えば、文字どおり〈怪異と遊んだ〉当事者ということになるだろう。ただし、当時からその体験が怪異との遭遇として語られていたわけではない。その直後、父親に正体を尋ねたところ「ヤマジチ」あるいは「コナキジジイ」と言われたと曖昧な記憶をたどる。それ以降はとりたてて話題に挙がることもなく、あくまでも日常の出来事として過ぎ去っていった。[37] その意味で、これは現代になって新たな「怪異」あるいは「妖怪」として再発見された存在でもある。

このように、実際に怪異現象を体験したり伝聞したりしたことがある人々の存在が、大歩危妖怪村に独自のリアリティーをもたらしている。前述の体験者のほか、二〇一七年一月の時点で妖怪(現象を含む)の体験者として十八人、伝聞に基づく語り部として二十人がリストアップされていた。[38] ここで注視したいのは、大歩危妖怪村が伝承だけでなく、新たに怪異・妖怪を生成するシステムとしても機能しているという点である。二〇一二年十月十七日付の「朝日新聞」から記事の一部を引用する。

この夏の真夜中やった。山ん中の家に帰りしな、聞こえたんよ、赤ちゃんの泣き声が。みな、夜鳴くのは樫鳥（カケス）や言うけどちがう。あれはコナキヂヂや。[39]

ここでは、日常生活で出合う現象に、妖怪（コナキヂヂ）としての解釈が加えられている。大歩危妖怪村そのものは「虚構の村」であるわけだが、これをきっかけに人々の意識が妖怪へと向かうことによって、直接的に怪異を体験する動機づけがなされている点は興味深い。あるいは「嘘から出たまこと」とでも呼ぶべきだろうか。もはや、この地域で妖怪は単なる過去の遺物ではなく、現代においてもなお増殖しうる存在になっている。

広がる妖怪村

現在の三好市では、周知の大歩危・小歩危に加えて、妖怪も観光資源として活用されるようになっている。二〇一〇年には「ラピス大歩危」が改修され、石の博物館の一階部分が「妖怪屋敷」としてリニューアルされた。館内には、住民の手づくりによる地元の妖怪像が出現場所ごとに分類・展示されている。そのなかには既存の妖怪図鑑にはみられない造形をもつものもある。例えば、「こなきじじい」と同様に山中で赤子の鳴き声を発する「ゴギャナキ（オギャナキ）」は、カラフルな鳥のような姿としてあらわされ、怪音の正体が鳥であるとする解釈が反映されている。

住民自身の手によって自由に再創造される妖怪がいる一方で、「こなきじじい」についてはおおよそ視覚的なイメージが固定化されている。二〇一〇年に大歩危駅が無人化すると、その翌年には

写真3　「妖怪屋敷」の展示風景（筆者撮影）

木彫りの「児啼爺」が駅長として据えられた。一二年には株式会社大歩危妖怪村が設立され、翌年には「児啼爺」を商標登録するなど余念がない[40]。とはいえ、その根底に流れているのは商魂というよりもむしろ遊び心である。

二〇一八年には三好市の妖怪伝説をもとにした人形劇に取り組む妖怪村一座が結成された。座長を務めるのは、高校卒業後に県外で就職し、退職を機に帰郷した地元の出身者である。趣味のゴルフを通じて大歩危妖怪村のメンバーと知り合い、座長を引き受けたという。「徳島新聞」の取材によれば、いちばん好きな妖怪は「こなきじじい」であり、「母親が幼い頃に炭焼き小屋で見た」と語る[41]。実はこの人物、先ほどの〈怪異と遊んだ〉体験者のご子息でもある。すでに述べてきたように、そこで遭遇したものが「こなきじじい」であるか否かは判然としないわけだが、こうして新たな伝承が発生していくのかもしれない。

大歩危妖怪村では、虚構と現実が入り交じりながら、住民主導のもとに新たな妖怪文化が創造されてきた。かつて、下岡昭一は地元の妖怪伝説をまとめた冊子の冒頭で、「山奥の険しい村は文化果つる辺境ではなく人と文物の行き交う十字路であり、村人たちは各地の伝説や妖怪話を運ぶ人達を受け入れ、地元に合った妖怪話に育て、地元発祥の妖怪とともに伝えてきた[42]」と述べている。言うなれば、妖怪文化が伝えられるものであると同時に育まれるものであるという視点は慧眼である。「妖怪で遊ぶ」ことは「妖怪を育む」ことと同義なのかもしれない。

写真4　大ぼけ妖怪一座のお披露目公演（2018年11月25日の「妖怪まつり」にて）（筆者撮影）

おわりに

本章では、地域社会における妖怪文化の現代的活用という視点から〈怪異と遊ぶ〉というテーマについて取り上げてきた。ここであらためて「遊び」の位置づけを明らかにしておきたい。冒頭でも述べたように、本章全体を通して着目してきたのは「虚構の活動」としての側面である。ただし、ここでの虚構性とは、「妖怪は存在しない」といった否定的なニュアンスを強調するものではない。むしろ、文化としての怪異や妖怪を肯定したうえで、それらを身近な環境に見いだそうとするユーモア感覚によって成立してきた。

こうした姿勢は、文中で取り上げた三つの事例――火野葦平を精神的支柱とする風雅人の集まりとしての「河童族」、蘭繁之など弘前市に縁がある文化人によって結成された「お化けを守る会」、地元の伝承を生かしながら新たな妖怪文化を育んできた「大歩危妖怪村」――に共通する。いずれも、怪異や妖怪を媒介としながら、人と人との交流を通して自分たちが暮らす地域を楽しむ方法として実践されてきた取り組みである。その担い手も基本的には地元住民であり、地域の内側に向かうベクトルが強い。いわば、それぞれが地域活動の延長線上に立ち上がった「もうひとつの共同体」であり、それ自体がすでに虚構性を帯びている。

かつては、身近な地域で怪異と遭遇したり、不思議な話を聞いたりすることも少なくなかった。しかし、現代ではそのような体験をする機会も激減し、怪異や妖怪はややもすると「虚構（フィクション）」のなかだけに閉じ込められつつある。そのような状況下、あえて虚構の共同体を措定することによって、既存の枠組みから離れた「もうひとつの世界」への入り口が開かれるのかもしれない。その先に広がる現場に怪異と遊ぶ人々を垣間見た。

注

（1）ロジェ・カイヨワ『遊びと人間』多田道太郎／塚崎幹夫訳（講談社文庫）、講談社、一九七三年、三九―四〇ページ

（2）同書四〇ページ
（3）福田蘭童「カッパの片腕」「週刊読売」一九五七年四月二十八日号、読売新聞社、九〇ページ
（4）田主丸町誌編集委員会編『川の記憶』（「田主丸町誌」第一巻）、田主丸町、一九九六年、八八一ページ。ちなみに、「田主丸町誌」は、いわゆる市町村史と異なり、いくつかのテーマに絞った特徴的な編集がなされている。このように、制度史ではなく民衆史の視点から歴史を記述した点が「自治体史の在り方を意欲的に模索した画期的な試み」であるとして、一九九七年に「第五十六回西日本文化賞」社会文化部門を受賞している。
（5）同書八八四ページ
（6）『楽しく生まる田主丸ん本――田主丸町合併50周年記念誌』田主丸町、二〇〇四年、七八ページ
（7）町内には近世から伝えられる「カワンドノサン」の木像が残っている。
（8）前掲『川の記憶』九〇三―九〇四ページ
（9）二〇一三年八月七日時点の調査で、河童族は二十七人のメンバーによって構成されていた。
（10）なお、八月八日に開催される理由については、八が末広がりで縁起がいいことと、「ハッパ」と「カッパ」の語感から定められたという。
（11）二〇一三年八月七日の実地調査で、河童族の頭から実見の機会を得た。
（12）イメージキャラクターの愛称は公募によって定められ、二〇一三年三月十六日に報道発表された。
（13）蘭繁之編「妖しきめるへん」第一号、お化けを守る会、一九七七年、一五ページ
（14）同誌一五ページ
（15）「お化け版通」とは、「お化けを守る会」の開催などを案内するはがきである。第九号は一九八一年八月三日に開かれた「第八回お化けを守る会」の案内が記されている。

（16）この掛け軸は現在も寺宝として伝えられ、正伝寺のウェブサイトにもエピソードが掲載されている（［https://shodenji.jp/collections］［二〇二〇年十二月三十日アクセス］）。

（17）「お化け版通」第三号（お化けを守る会、一九七八年）には、演目として『夏祭浪花鑑――住吉長町裏義兵次殺しの場』『東海道四ツ谷怪談――砂村隠亡堀の場』『歌舞伎十八番の内鳴神』が告知されている。

（18）蘭繁之編「妖しきめるへん」第十二号、お化けを守る会、一九八三年、一一ページ

（19）ちなみに、一九八四年九月一日付の「お化け版通」第十一号（お化けを守る会）には「あまりの暑さに、妖しきめるへん達は息をひそめていたのではないでしょうか。やっと涼しくなり、そろそろ幽霊やお化けが出るのではないでしょうか」と記されている。

（20）結城登美雄「地域を耕す地元学」「農村文化運動」第二十一巻第八号、農山漁村文化協会、二〇〇七年、三ページ

（21）現在、徳島県三好市、美馬市、つるぎ町、東みよし町は「にし阿波～剣山・吉野川観光圏」として選出されている。そこでは、「にし阿波」の魅力として「千年のかくれんぼ」というフレーズを用いて、「たどり着いた時に「秘境」を感じる程、重なる山あいの中で暮らす世界」として発信されている。

（22）『三好郡三名大絵図』を含む近世資料については『祖谷探訪――大歩危・小歩危の歴史と景観』（三好市教育委員会文化財課、二〇一七年）を参照した。同書一〇ページ

（23）同書四二ページ

（24）同書三一ページ

（25）東京日日新聞社会部編『風景お国自慢――日本景勝旅行案内』四海書房、一九二七年、一〇二―一

〇三ページ
(26) 牧野武夫編『趣味の旅行案内』(「中央公論」一九三四年六月号別冊附録)、中央公論社、五七ページ
(27) 怪異という視点からみれば、鉄道に関連して「汽車狸」の伝承も残っている。下岡昭一によれば、一九六二年から六三年ごろ、夜に阿波川口駅近くの大門下の岩棚で四人連れ立って友釣りをしていたときの体験談として聞き書きされたものである。そのうちの一人が「汽車が止まった」といって線路がない虚空を手で押し始めたと語られ、その正体は狸であると考えられていた。下岡昭一編『こなきじじいの里――妖怪村伝説』四国の秘境山城・大歩危妖怪村、二〇〇九年、六八―六九ページ
(28) 第一アートセンター編『中国・四国 宍道湖と帝釈峡・祖谷渓』(「日本の湖沼と渓谷」第十一巻)、ぎょうせい、一九八七年、一一七ページ
(29)「社説 小歩危ダムは出直せ〈下〉疑問の多い水力発電の価値」「徳島新聞」一九六八年十二月十六日付
(30)「小歩危ダム阻止闘争と吉野川の濁り問題」編集委員会編『小歩危ダム阻止闘争と吉野川の濁り問題』「小歩危ダム阻止闘争と吉野川の濁り問題」編集委員会、二〇一四年、一四ページ
(31) ちなみに、大歩危が国の天然記念物に指定されたのは、これから約半世紀を経た二〇一四年のことである。
(32) 前掲『小歩危ダム阻止闘争と吉野川の濁り問題』五三―五四ページ
(33) 廣瀬隆人「地域学・地元学の現状と展望 その分類学的考察」「季刊東北学」第六号、東北芸術工科大学東北文化研究センター、二〇〇六年、八七ページ
(34) 前掲『小歩危ダム阻止闘争と吉野川の濁り問題』四二四ページ

（35）吉本哲郎『地元学をはじめよう』（岩波ジュニア新書）、岩波書店、二〇〇八年、六ページ

（36）二〇一三年十月十五日に実施した聞き取り調査に基づく。

（37）ちなみに、二〇一九年三月二十五日にあらためて聞き取り調査を実施した際には「コナキジジイもヤマジチも一緒よ」と語っていた。個人の記憶に基づいているため、正確な呼称はやぶのなかである。

（38）二〇一七年一月三十一日付で下岡昭一が作成した資料に基づく。

（39）伊藤あかり「三好のコナキヂヂ伝説 ババ様も聞いたろう？」「朝日新聞」二〇一二年十月十七日付（徳島版）

（40）当初は三好市が「児啼爺」の商標を取得していたが、更新の段階で大歩危妖怪村を設立し、商標を登録することになった（登録番号：第五六〇九九六三号、登録日：二〇一三年八月二十三日）。なお、「児泣き爺」と「子泣きじじい」の商標は水木プロダクションが所有している。

（41）川辺健太「人形操り 妖怪劇披露」「徳島新聞」二〇一九年三月二十六日付

（42）下岡昭一「まえがき」、前掲『こなきじじいの里 妖怪村伝説』

特別座談会　怪異を創る楽しみ

川奈まり子／一柳廣孝／大道晴香

1　語りと一人称の関係

大道晴香　怪異怪談研究会にはいくつかのワーキンググループがあり、その一つが本書『怪異と遊ぶ』の準備を進めてきました。本書の特別企画として、世に怪異を生み出す「創り手」の方に詳しくお話をうかがいたいと思い、このたびは作家の川奈まり子さんにお引き受けいただくことで、今回の座談会が実現しました。さっそくですが、川奈さんは近年、怪談関連の作品をたくさん出版されていますね。

川奈まり子　そうですね。単著についてはこれからいろいろとお話ししますので、それ以外をご紹介しますと、「早稲田文学　２０２１年秋号」（筑摩書房）に「曼殊沙華」を寄せていますし、『実

話怪談 犬鳴村』(竹書房文庫)、竹書房、二〇二一年)にも参加しています。

大道　直近では『一〇八怪談 飛縁魔』(竹書房怪談文庫)、竹書房、二〇二一年)が刊行されたばかりです。イベントにもたくさん参加していらっしゃいます。

川奈　コロナ禍以降は、配信イベントも増えました。漫画家の伊藤潤二先生の作品を朗読する配信イベントでは声の出演もしました。伊藤潤二作品の傑作を六編を選んで、怪談師や声優が語るという内容で、私は「脱走兵のいる家」を担当させていただきました。

大道　ホラーファンとしては、伊藤潤二という名前を聞くだけでテンションが上がります。

川奈　息子がアメリカ留学していますが、アメリカでも大変な人気だそうです。

大道　今回、座談会の準備として、川奈さんが直近で出演したイベントをつぶさに追ってみたのですが、数があまりにも多くて驚きました。

川奈　ありがたいことです。最近では、太田プロダクションの人気コンビ、ナナフシギさんの「YouTube」チャンネルで『一〇八怪談 飛縁魔』に入れた怪談を語りました。

大道　「怪異と遊ぶ」で関心事となるのが、怖いと言いながらどうして人は怪異を求めてしまうのか、という点です。昨今の怪談ブームは目覚ましいものがあります。コロナ禍を受けて、「YouTube」などの動画共有サービスを利用した怪談会の配信イベントが増えたとのことでしたが、例に漏れず、私も配信で怪談を楽しんでいます。個人的には、疲れて帰宅してから、「YouTube」を開いて怪談を聞くのが一日のうちで最も楽しい時間ですね。まさに癒やしです。

一柳廣孝　それで癒やされてるの？（笑）

大道　はい（笑）。動画の再生回数やコメント欄を見ていても、その反響が大きくて、すごく多くの人が怪談を求めているのを実感します。

　昨今の怪談ブームですが、川奈さんは執筆でもご活躍ですし、怪談を語る側でも活躍されています。いわば、「書く」と「語る」という二つの表現技法の世界を縦横無尽に行き来しているわけですが、二つの世界を横断するなかで、それぞれの独自性や両者の差異、表現の方法などについては、どのようにお考えでしょうか。

川奈　「書く」ほうからご説明したいと思います。私は、体験談をインタビューして、その人の立場から状況を想像しながら書くというスタイルをいままで採用してきました。『八王子怪談』（竹書房怪談文庫）、竹書房、二〇二一年）をはじめ、いつもそうやって、いわばイタコのように、怪異を体験した人に憑依するようなつもりで書いてきたわけです。だったら三人称ではなく一人称でも書けるのではないかしらと思ったのが二〇二〇年の春頃です。そこから『東京をんな語り』（角川ホラー文庫）、KADOKAWA、二〇二一年）の着想を得ました。

大道　読者としても、当事者の目線で語りが始まる部分があって、語っている主体が川奈さんなのか当事者なのかを探りながら読むので非常に刺激的です。先ほど、イタコのようにとおっしゃいましたが、川奈さんに「をんなたち」の霊が降りてきているという形で情景を見るのが新鮮でした。

川奈　体験者の視点に立って一人称で怪談実話を書いたらどうなるのか、やってみたかったのです。例えば、『東京をんな語り』に登場する毒婦の多くは実在の人物です。その方たちの体験を私が一人称に落とし込んでいくと、どうなるか。

どこかでやらせてもらえないかなと思っていたときに、別件で、以前ＫＡＤＯＫＡＷＡの「幽」に寄稿した怪談について当時の担当さんに連絡を取ったところ、その方が角川ホラー文庫の編集部にたまたま異動していたことがわかりまして。角川ホラー文庫は怪談実話もありホラー小説もありというラインアップなので、ひょっとしたらと思って相談したら「ぜひやってみましょう」と背中を押してもらえたのです。思いのほか筆が進んで、本当に一冊丸ごと、様々な体験者の話を一人称で書くことができました。

一柳　『東京をんな語り』の試みがすごく面白いのは、川奈さんを媒介にして異なる時空間がつながって、遠い昔に起きたことを、いまの私たちにもリアルに受け取ることができる点にあると思います。語りの主体は他者なんだけど、川奈さんにくっついたり離れたりします。カギカッコつきの私が多重化して見える。その意味では、とてもフィクショナルな手法です。実話怪談なんだけど、小説としても読めるという点で非常に興味深い試みですね。

川奈　書いているときは、やりたいと思っていたことが実現できて楽しかったですね。役者になって演じるようでもあり、イタコの口寄せのようでもあって。ただ、いろいろな私になりかわりつつ一本にまとめるとなると……。Ａさんも私、Ｂさんも私という状況ですから、私Ａと私Ｂの境目がわかりにくくなる難しさはありました。わざとらしくなく、しかもわかるように書き分けるのには苦労しました。

一柳　『東京をんな語り』を読んでいるうちに、「私」に見えている霊的なものと他人のそれは違うけど重なったりもするというところが明らかになって、とても面白かったです。

川奈　霊的なこと以外に、例えば実際にあった過去の事件でも、犯人と被害者、どちらの側に立って出来事を捉えるかで事件の見え方が違ってきますよね。「をんな」である一人称の「私」が語る『東京をんな語り』には、毒婦つまり犯罪者を何人か登場させましたから、必然的に毒婦／犯罪者の視点に立つことにもなりました。

大道　時空間を超えた複数の人生を重ね合わせるものとして、「女性」が機能しているのも大きなポイントですよね。それぞれの「をんな」の思いと同調しながら一人称で語るわけですが、書くプロセスで川奈さん自身の解釈や視点も加わり、そこに「フィクション」が立ち上がってくる。一人称で語ることで立ち上がってくる川奈さん自身の女性としての経験や体験と、時空間を超えた様々な女性の生き様がリンクして、一つの終着点に向かっていくような、そんな印象を受けました。作家としての身体にいまは亡き「をんな」たちを憑依させる。川奈さんはその意味で、まさしくイタコですね（笑）。

川奈　イタコです（笑）。冗談はさておき、本当に体験者の魂に憑依してもらえたらいいのですが、現実は違います。どんなにその人のつもりになって書いても、私と体験者とは違う人生を歩いているわけですから、実際の体験と私の表現にはギャップが生じます。

また、活字になるまでには何重ものフィルターを通しますから……。実際の体験を、体験者が消化して、私に伝える。出来事の背景となる土地の歴史などを調べて、必要があれば実地調査もしたうえで、私が読み物に仕立てる。

怪談実話は、フィクションとノンフィクションの境目にあると私は思っています。こうした過程を経るうちに、そのつもりがなくても、フィクションが入り込む隙間が生じてしまうので。

2 語りから物語を紡ぐということ

一柳　その隙間があるからこそ、ふくらむ部分がありますよね。それに対して『宵坂つくもの怪談帖』(〔二見ホラー×ミステリ文庫〕、二見書房、二〇二一年)では、またユニークな取り組みをなされているようですが。

川奈　これは、私の妄想と願望が炸裂した本です(笑)。

一柳　川奈さんご自身がモデルと思われる方が、作品のなかに登場していますよね。

川奈　ええ。この本の主要登場人物と同じように、私にはあまり霊感がありません。私が見えるレベルだと、ほとんどの人が見えたり聞こえたりしています。余談ですが、「圓山町怪談倶楽部」というイベントに参加したときに、私だけではなく、お客さんやスタッフを含めてその場に居合わせた百人弱が、聞こえるはずのない人の話し声や水音を実際に耳にしました。そのぐらい強力な霊現象だと、私にも感知できるようです。

大道　『宵坂つくもの怪談帖』は、いままでの川奈さんの著作とはガラリと変わって、王道ファンタジーだなと思いながら読みました。ファンタジー作品を手がけるのは初の試みでしょうか。

川奈　ホラー小説を書いたことはありますが、ああいうタッチの作品は初めてです。『宵坂つくもの怪談帖』は、二〇一九年十二月ぐらいに二見書房の編集者さんから「若い読者も手に取りやすいようなミステリーやホラー小説のレーベルを立ち上げるので、書いてみませんか」とご依頼を受けました。それからいくつかアイデアを出して、そのうちの一つが、ルポルタージュの手法をとる怪談作家、つまり私のような人物が登場する話でした。彼は自分の霊感のなさを嘆いていて、でも、あるとき霊感を有する助手を手に入れるんです。霊感がある助手がいたらいいなと常々思ってきたので、夢を小説のなかで実現しました。

一柳　二見ホラー×ミステリー文庫の戦略がユニークですよね。ライトノベルとライト文芸というジャンルに属するいくつかのレーベルがあるんですが、二十代から三十代の女性が好んで読むライト文芸で、あやかし物はすごく人気があるんです。ライト文芸ほど軽くはなくて本格的なホラー作品に寄ってるんだけど、本格までいかずにエンタメ化するという戦略が興味深いです。この文庫から川奈さんがこうした形で出版なさったことに驚きました。文庫の幅に収まりながらも、特に女性のファンがつきそうな作品ですよね。

川奈　初めは女性のほうが反響が大きかったかなと思います。でも、だんだん男性読者も増えてきたようですよ。

大道　川奈さんの作品の読者からすると、『宵坂つくもの怪談帖』は読んでいて「これは」と思うような、ニヤリとするところがたくさんあります。ルポルタージュを踏まえてという部分もそうですし、何より八王子という場所から始まる展開は、ファンにとっては心躍るものだったはずです。青山霊園もばっちり登場しますし。川奈さんの持ち味である現実の空間性がファンタジーの世界にマッチしています。

川奈　確かにフィクション作品ではあるけれども、実在する場所や、現実に語り継がれている伝承などを意識して織り込みました。例えば南青山の船光稲荷神社とか……。いま見に行くと非常にこぢんまりした印象なのですが、かつては大きな神社で、しかも室町時代までは入江の側に建っていたという伝説があるので、伝説上の風景も書いてみました。

一柳『宵坂つくもの怪談帖』は、ライト文芸的な話と土地の歴史を重ねるところに特徴がありますが、さらにもう一つ、現代のネット空間の怖さを巧みに取り込んでいて、そこがライト文芸と違っているのかなと思いました。現代におけるリアルな怖さをうまく組み込んでいらっしゃるのが、とても面白く、また気になりました。

川奈『宵坂つくもの怪談帖』には、社会問題を含め現代社会に存在するモチーフをたくさんちりばめています。フィクションとノンフィクションを同居させつつ、ノンフィクションの部分には嘘がないように心がけました。だから、怪談実話を書くときと同じように資料集めや調査をやりまして、作業量にもあまり違いがありませんでしたね。

3　体験者の語りをどう聞くのか

一柳　いまのお話は、『一〇八怪談 飛縁魔』につながると思います。この著作は、膨大な参考資料が特徴的ですよね。

川奈　いつも参考資料の紹介にページを割きすぎるので、出版社から参考資料のボリュームを減らしてほしいと相談されます（笑）。

一柳　私たち研究者の世界でも、参考文献をどう記述するかという問題があります。もちろんその書籍の紙幅との兼ね合いはあるのですが、参考資料や参考文献は、実は読者の楽しみでもあります。そこからまた知識や視点が広がるし、検証してみたくなるんですよね。

川奈　検証すると、いろいろと発見もありますよね。どの話にどの資料のどの部分を使ったかは一目瞭然でしょう。

一柳　文献を見ることで、川奈さんの創作手法が見えてくるというのもあるかもしれません。

川奈　ええ。でも怪談実話は娯楽的な読み物で、書くにあたって、硬派なノンフィクションや学術書のように、情報の正確さを求められるわけではありませんから、一次資料にはこだわっていません。一つの事実を確認するために二重三重に調べる程度のことはしますけど、参考文献は一般書籍が中心ですし。

一柳　研究者が探そうとしている事実と、川奈さんが再現しようとしているものは質がまったく異なります。あくまで体験者の実体験や思ったことを文字のレベルでどう定着させるか、ということですよね。主観的な事実と客観的な事実は別ですから。

川奈　私が書きたいのは、主観的な事実です。読者さんと共有できる常識的なセンスや客観性を執筆者として保ちながら、体験者の主観的な事実を表現するように努めています。

要は、怪談実話というフィールドで、多くの方が楽しく読めるものにしたいんです。

一柳　川奈さんが体験者から聞くお話には、荒唐無稽というか、そのまま書いたら意味がわからない話も多いと思います。それをどう読者に共感できるように、かつこの世界の理とすり合わせながら表現したらいいのかというせめぎ合いがあるように感じます。

川奈　構成や文体、文章を書くうえでのテクニックでカバーしていけるところもありますが、もう一つはインタビューの技術が重要です。

例えば、インタビュイーの第一声は、ものすごく端的で、どう解釈したらいいかわからない場合があります。「真っ暗にしたらお化けが出てくると思っていたので、小さい頃から暗くして寝るのが怖かったです」。どこにも怪談の芽がありません。でも「そうですか」で終わらせてはいけない。私の場合、「何年生まれですか」「そのとき、おいくつでしたか」「どんなおうちでしたか」と質問します。「小さい家だった」と答えを聞くと、「小さかったというと、どれくらいで、間取りは？」とさらに聞く。「昔の賃貸の平屋で、二間に台所というような家で」「二間をつないでいるのが廊下で、玄関が北に面していて」「玄関の外を車が通ると廊下がガタガタ揺れて」「父の稼ぎがなくて」など、適宜に質問しながらディテールを聞き出していきます。

大道　情景が浮かんできますね。

川奈　そのうち、ちゃんと、体験者がお化けに遭遇した状況にたどり着くんですよ。そして、そのときまでには、すでにいろんなことを聞いていますから、体験者の怖い思いがリアルに想像できるんです。私が想像できるということは、書く準備ができたということです。逆に、そこまで聞いておかないと、読者さんが情景を想い描けるようには書けません。

4　土地に眠る怪談を呼び起こす

一柳　『八王子怪談』（竹書房怪談文庫〉、竹書房、二〇二一年）のようにご自身の地元と密着する話だと、頭に浮かびすぎて書きにくいということはありませんか。

川奈　あります（笑）。八王子市民以外の読者さんにも伝わるように気をつけないと……。

大道　怪談の執筆にあたって、舞台となった場所に実際に足を運んで取材する、「ルポルタージュ怪談」が、川奈さんの特徴ですよね。八王子は、数多くの作品に登場する川奈さんの故郷です。私は数えるほどしか八王子に行ったことがないのですが、川奈さんの作品を読んでいると、街の情景が浮かんできます。私は作品を読んだあとに「Googleマップ」で登場した場所を確認したり、「ストリートビュー」でバーチャル散歩をして、『八王子怪談』を二度楽しませていただきました（笑）。ご自身が幼少期を過ごした場所を描くにあたり、他の作品と何か異なる点はありましたか？

川奈　まず、現地をよく知っているので、体験者さんの話を想像するときの解像度が高くて、とても書きやすいんですよ。八王子は心霊スポットが多く、歴史が長くて、霊山もありますから、体験談も集まりやすいし。

ですから、かつて初めて怪談実話を書くことになったときに、真っ先に思い浮かべたのが子どもの頃から過ごした八王子で自分が体験したり見聞きしたりした不思議な出来事でした。それが『赤い地獄』（〔廣済堂文庫〕、廣済堂出版、二〇一四年）に書き下ろした「八王子」という連作短篇です。去年、竹書房さんからご当地怪談を執筆の依頼をいただいたときも、では八王子の怪談を書かせてくださいと私のほうからお願いしました。

一柳　二〇二一年は、川奈さんの作家生活十周年というメモリアルイヤーでした。そのタイミングで八王子に戻ってきたのは象徴的ですね。

川奈　面白い偶然です。実は生まれたのは世田谷区なんですが、赤ちゃんの頃のことは覚えていません。だから故郷は八王子ということになると思いますから……。もっとも『赤い地獄』の「八王子」で自分で体験したことはほとんど書いてしまったので、『八王子怪談』のときはＳＮＳで体験者を募ってインタビューしなければなりませんでしたが。

大道　怪談を読者がどう楽しむかという点と関連しますが、やはり自分の暮らしている地域が舞台になると、読者の反応も熱そうだなと想像します。八王子の場合はいかがでしたか。

川奈　そのとおりで、住んでいる方や通勤通学している、または出身であるなど、八王子にゆかりのある方々を中心に、多くの方に手に取っていただけました。その結果、続篇には、『八王子怪談』を読んだ読者さんが「そういえば自分も八王子でこんなことがあった」と思い出して聞かせてくれた話が何話も入っていますよ。

大道　川奈さんの怪談を読んだことで、新たな怪談が招来されるというか、土地の記憶が呼び起こされて、さらなる怪談を生むというサイクルがあるのが面白いですね。

川奈　応募が途切れないんですよね。ささやかな怖いことは、みなさん、けっこう経験していますから……。怪談実話とはこういったものであるという、ある種の偏見をみなさんおもちで、有名な、たとえば稲川淳二さんの怪談のように一つのお話として完成していなければいけないと思い込んでいたり、または、四谷怪談や牡丹灯籠を思い浮かべたり。起承転結があって恐ろしい、そんな体験をしたことがある人はめったにいるものではありません。

でも、『八王子怪談』やそのほかの拙著には、ささやかな怪談も入っているので、「ああいう、ちょっとしたことでもよければ」と体験者さんが語ってくれる。そういう話が案外、面白い。

例えば、『一〇八怪談 飛縁魔』には、私の実家で本当に起きたことなんですが、変な封書が送られてきた話を書きました。「高橋教授夫人様」という宛名も何かおかしいし、差出人の名前もない。そして封筒を開けたら、一枚だけ入っていた便箋の真ん中に、震える文字で「喪中」と書いてあったという。ほんのり怖いでしょう。

最近取材した人に、怖がりなお子さんがいました。暗いのが怖いから、電気を消して寝るのが嫌で、豆球をつけて寝ています。夜中に目が覚めたら、部屋が真っ暗でした。「あ、おかしい！　私は豆球をつけて寝ていたのに」となります。

大道　確かに稲川怪談にはならないですね（笑）。それでも、実体験としては十分怖いです。

川奈　これを文章にどう落とし込むか。筆力の勝負です。

一柳　日常のなかで遭遇したちょっとした違和感が、あとで振り返ると怖いというのも立派な怪談です。『新耳袋』が出版された一九九〇年代から三十年が経過し、これが実話怪談だという定型ができました。定型があることで作品が生み出されていますが、同時に縛りになっている部分もあります。それをどう超えていくかという段階にきているのかもしれません。『八王子怪談』が読者に受け入れられているのは、その観点からも大切なことですね。あと、個人的に次の『八王子怪談』で扱ってほしいのは、大学の怪談ですね（笑）。

川奈　大学が多いですからね、八王子には。ただ、学校名を書くことは基本的に避けています。企業名もそうですね。固有名詞を伏せながら、「Google」などで執念深く調べればわかる人にはわかるけれど、よほど調べないかぎりはわからない、というギリギリの線を攻めています。

大道　学術的な聞き取り調査ともつながってきますが、名前を伏せるのは当然だとして、話全体で解像度をどこまで保って、どこまで落とすのかは難しい判断ですね。実話怪談の領域でも、実話性を残しながらそぎ落としもするというのは、そのバランスが難しいでしょうね。

川奈　関係者の特定に結び付かないように配慮していますが、大きな町の町名や北部や南部というエリア、鉄道や道路の名称は書くことが多いです。話によっては時代背景を描きますし、情景描写にも力を入れています。

そのため『八王子怪談』は「裏るるぶ」的なところもあって、本に登場した場所を訪ねて、写真を「Twitter」で上げてくれる読者さんもいます。そういった読者さんの投稿を私も見て楽しんでいたのですが、名前を伏せて書いたラブホテルを、さまざまな記述から推理して写真を「Twitter」に投稿されたときは、ちょっとヒヤッとしました（笑）。

5　怪談を語る

大道　ここまで「書く」に焦点を当ててきましたが、今度は「語る」についてうかがいます。私は最近ですと、川奈さんの出演された「津軽怪談夜会」（二〇二一年八月十四日@久渡寺・配信）をリアルタイム配信で拝見しました。こうしたイベントに、川奈さんはたくさん参加されていますね。

川奈　毎年六月以降は本当に多いですね。

大道　夏は怪談の繁盛期ですし。

川奈　また、二〇二〇年くらいから、怪談ブームがきているように感じます。コロナ禍でリアル開催が減った時期もありましたが、配信イベントは逆にコロナ禍以降とても多くなって、いまや季節を問わず毎週あるんじゃないかと思うくらいです。比較的ローコストで地方からでも発信できる点が、配信イベントの強みですよね。

一柳　配信だと、その土地の雰囲気を、実際に行かなくても感じられますしね。

川奈　大道さんが見てくださった「津軽怪談夜会」を主催した「弘前乃怪」という青森県弘前市のグループがあるのですが、彼らは毎回、会場選びがすばらしいんです。今回の久渡寺も津軽ならではの雰囲気があってよかった。前回私が出演したときは、そこもお寺でしたが、控え室が位牌堂で、畳に怪しいシミがあって弘前乃怪の人たちによれば「そこにいつもおばあさんの幽霊が座ってます」と（笑）。また、二回とも翌日は弘前乃怪の人たちに寺社仏閣や霊場などを案内してもらったのですが、それがまた、視聴者にお見せできないのが残念なくらい、本当に楽しくて……。

一柳　その土地の人と現地で話す、現地で怪談を語るというのは、書く作業とはだいぶ違うでしょうね。

川奈　はい。大違いです。実際に見たり聞いたり、現地を歩いたりするのも大事なことかと。書くのと語るのとでも、全然違います。最近は慣れてきましたが、少し前までは、語り用の原稿を別に作っていました。

大道　語り用の原稿に直すのは、どのような作業になりますか？

川奈　活字の原稿で、特に長い怪談では、カットバック的な手法を使うこともあります。でも語るときは時系列に沿っているほうがいい。カットバックは「私そのとき思い出したんです」などと何かひと言、間に入れないと、聞いている人が話の筋を追えなくなってしまいます。

　説明的な地の文章が長いのも禁物です。私は落語が好きなんですけど、落語の手法を意識して使うこともあります。なるべく時系列に沿った形に落とし込みながら、落語のように、地の文を減らして登場人物の会話を効果的に使うわけです。

一柳　お客さんの有無、会場となる場所、全体の雰囲気によって語り方を変えることはありますか？

川奈　ええ。いきなりシリアスな怪談を語ったほうがいいスタイリッシュな舞台もあれば、お客さんとの距離が近いカジュアルな怪談会もあります。先日、ある怪談会にいったときは、後者のスタイルなのに、お客さんが妙に緊張しているようすだったんです。そこで、マクラで笑わせたり、客席にちょっと話を振ったりして、リラックスしてもらいました。

大道　ほかの登壇者の怪談と関連しそうな話に、その場で即興で変えることもありますか？

川奈　住倉カオスさんの『怪談★語ルシス』という怪談の配信番組シリーズがいい例で、いつも出演者が五人いるのですが、例えばほかの出演者が神社に関する怪談をすると、私が「神社といえばこんな話があります」と話しだしたり……。

一柳　連句みたいですね。

川奈　はい。ただ、『怪談★語ルシス』では、お寺の話で始まったとしても、四人目には台所の話になっていたりする。だんだんズレていくのも面白いんですよ。

大道　誰かの怪談がその場で他の語り手と共鳴し、新たな怪談の連鎖が生まれる。まるで生き物ですね。

6　怪談ブームと生の実感

大道　スケールの大きな質問となり恐縮ですが、「人は怪談に何を求めているのか」という点もうかがいたいと思います。振り返ってみますと、いつの時代にも怪談を欲する人たちというのは一定数存在してきたわけです。しかも、知りたい、聞きたいという欲求もありながら、同時に語りたいという欲求もありますよね。

川奈　確かに。子どもはたいがい怪談やオカルトっぽいものが好きですが、私も小学生の頃、新倉イワオさんの『あなたの知らない世界』（日本テレビ系）が大好きでした。

思うに、死にまつわることにふれているとき、人は、無意識に生を実感するのでは？　残酷に若い女性が殺されるスプラッター映画を、同じような若い女性がポップコーンを食べながら見ているとして、その瞬間、観客の女性は明らかに生きています。観客になって死の恐怖を擬似的に体験することで、「私は生きている」ということを無意識に体感しているんじゃないかなと思います。

同じように、祟りの怪談を読んでいる読者さんが「祟りって怖いなぁ」と思ったとしても、そのときは読書しています。祟られていません。怖い体験談を語る人も、語っているときは恐怖にさらされている人ではなく、「語る人」になっていて、生き生きしています。

大道　昨今の怪談ブームの要因はどう見ていらっしゃいますか？　ここ数十年の間にも何回かそういうブームがあったわけですけど、最近のブームは何が要因なのか、とても気になっています。インターネットを背景にした怪談師の活躍などが大きかったりするのか……。

川奈　インターネットが果たした役割はすごく大きいでしょうね。テレビと出版社しかないときは発信すること自体にハードルがありましたが、いまは誰もが気軽に作品を発表することができます。同時に、怪談を娯楽としてネットで消費する人たちも増えたのではないでしょうか。たとえば二〇〇〇年代には「2ちゃんねる」のオカルト板に投稿された怖くて面白い話のコピペがまとめられて、ネットユーザーの間で盛り上がっていました。また怪談の同人投稿サイトのようなものもできて、怖い体験談が投稿されだして……。そこから生まれた怪談作家や怪談師もいます。

送り手と受け手との垣根もなくなりました。推しの怪談師や怪談作家を見つけて、その人とSNSで絡んでみたり、怪談師が自ら宣伝するイベントに行ってみたりと、怪談の楽しみ方が変わりました。

大道　語りたい欲求という観点からすると、例えば、怪談師を志すというのも以前は見られなかった傾向ですね。

川奈　いまや登竜門がいくつかあるほどですからね。コンテストやコンクールができて、新人が出てきやすい環境になりました。それだけ、語りたい人が大勢いるし、求められてもいる。

怪談を語りたい欲求について考えてみて、思い浮かんだことが一つ……。先日、怪談好きの知り合いが、病院のエレベーターで自撮り写真を撮ったんです。彼女の背後にエレベーター内の防犯用ミラーがあり、そこには彼女自身の後ろ姿が映っている。でもね、彼女の前に、白いネグリジェかスカートの裾と裸足の両足も映り込んでいたんです。なんだか貞子っぽいものが自分の真ん前に立っていたわけですが、彼女はそんなものには心当たりがなかった。つまり心霊写真です。彼女はそれを「Twitter」に投稿しました。

これはごくありがちな行動で、心霊写真が撮れると、あるいは自分が撮ったものではなくとも心霊写真を手に入れると、誰かに見せたくなるものですよね。その気持ちが、怪談を語りたい欲求の原点ではないでしょうか。同じ原理だと思います。

大道　怪異がコミュニケーションツールになっている状況と、一人で抱えていたくないという心性とが、「共有」という行為につながるということでしょうか。

川奈　ちょっとしたアクシデントに遭ったときなど、誰かに話したくなりますが、原点はそれに近いと思います。プロの怪談師を志す場合には、ほかにも動機があるでしょうけど。

一柳　一般人からしたら、異様なことがあったとき、それを話すことで厄を落として日常に戻るという気持ちもあるでしょうね。コロナ禍が二年続いて、死について考える機会も増えて、日常の輪郭が揺らいでいますから、怪談を聞く／語ることで、自分が日常にいることを認識できる効果があるのかもしれません。

川奈　ええ。完成された怪談を聞く／語るのもそうなのですが、怪異の体験者の場合は特に、作家に体験談を打ち明けて書いてもらうことが、日常を取り戻す助けになるようです。霊体験の前に身近な人を亡くされていて「供養になると思って話すことにした」「書いてもらえれば供養になるから」とおっしゃるインタビュイーはとても多い。

コロナが絡んだ怪談実話などは、いま、へたに発表すると不謹慎のそしりを免れないと思いますが、私に話してくれた体験者は真剣でしたし、傾聴するだけで感謝されてしまいました。

身近な死者の想い出を語ることが供養になり、話すことでそのとき感じた恐怖や悲しみを乗り越えて、体験者はしっかりと生の側に戻ってこられるんです。

7　八王子で考える怪談の可能性

一柳　最後に、『八王子怪談』の話をもう少しうかがいます。土地と怪談について、感じていることをお聞かせください。

川奈　『八王子怪談』と続篇『八王子怪談　逢魔ヶ刻編』（〔竹書房怪談文庫〕、竹書房、二〇二二年）では、意識的に土地の話を新たに掘り起こしました。体験談に終始せず、個人の体験の背景にある八王子の歴史や文化などを描き込んだわけです。当然、資料を参照する必要がありましたが、八王子市は歴史資料の編纂や文化財の保存を熱心にやってくれているので、助かりました。

一柳　最近、ご当地怪談がはやってますよね。

川奈　ご当地怪談は売れ行きがいいそうです。販売しやすいとも聞きました。例えば、新青森駅のおみやげコーナーには青森の怪談をまとめた書籍が置かれています。道の駅や空港の書店、八王子だと市内の主だった駅ビルや駅周辺の書店さんに展開してもらって……。

一柳　怪談が観光資源になっている（笑）。

大道　土地の名産品みたいですね。

川奈　八王子には「八王子 Short Film 映画祭」があるんだから、「八王子〈怪談〉Short Film 映画祭」をやってくれたらいいのにな、と半ば冗談、半ばは本気で思っています。あと、本に書かれた怪談の舞台に聖地巡礼しにいく読者さんもいるんですから、「裏るるぶ」も真面目に企画化したら面白いはずですよ。
一柳　市役所に提案してみてはいかがでしょうか。
大道　歴史散歩の変化形ですね。
川奈　八王子市ならあるいは……と期待してしまいます（笑）。
一柳　夢がふくらみます。
川奈　怪談を通じてやりたいこと、できそうなことがまだまだたくさんありますよ。

おわりに

一柳廣孝

本書は怪異怪談研究会が監修し、実質的な編集作業を大道晴香と一柳が担当した。その間の経緯を、簡単に説明する。二〇一二年八月に発足した怪異怪談研究会は、一六年に『怪異の時空』全三巻（青弓社）をまとめ、中仕切りとした。そして翌一七年三月、第二次研究会を開始し、今後の課題を検討した。その結果、これまでの研究成果を踏まえながら、テーマをより絞り込んだ複数の研究プロジェクトを設定し、同時並行的に進行させることが決まった。

個々のプロジェクトは、発案者がプロジェクトリーダーになりコアメンバーを形成して、研究会での発表とリンクさせながら、最終的に書籍化することを目指した。早い段階で三案が承認され、さらに後から一案が追加承認された。つまり、都合四本のプロジェクトを走らせながら、この五年あまりを過ごしてきたわけだ。

本書は、この最初期に示された三案の一つに基づく。本書に先立って刊行された『〈怪異〉とナショナリズム』（怪異怪談研究会監修、茂木謙之介／小松史生子／副田賢二／松下浩幸編著、青弓社、二〇二一年）もまた、このプロジェクトの成果である。本書刊行後も、引き続きプロジェクトの研究成果が刊行される。そちらもどうぞ、ご期待ください。

さて、当初のプランでは、本書は「怪異を遊ぶ」をタイトルにしていた。怪異を遊ぶ対象としたとき、私たちは主体的にそれを選択したことになる。こっくりさんも百物語も、いきなり巻き込まれることはない。自分の意志で、その場に参加する。もちろん無理やり誘われることもあるだろうが、基本は自ら進んで怪異「を」遊びの対象に選んだわけだ。この主体的な関わりに力点を置いたのが、出発点である。

しかし怪異は、しばしば私たちの予測を超えてくる。常識では処理できない怪異を、意図的にコントロールするのは難しい。だからこそトラブルが発生し、それが実話怪談のネタになる。さらに言えば、そのような統御不可能性のなかに、私たちは快感を得ているフシまである。ならば私たちは、そのような怪異「と」どのように関わってきたのか。どのように怪異を「遊び」という領域に落とし込み、楽しんできたのだろうか。そのありようからは、何が見えてくるのか。「怪異と遊ぶ」と銘打ったゆえんである。では次に、本書に収録された各論考を紹介しよう。

第1部は「怪異を語る」というタイトルの下に、四本の論文を束ねた。怪異を楽しむ代表的な手法の一つが、怪談である。すぐ思い浮かぶのは落語における怪談噺だろう。だが、このような高座芸としてだけではなく、私たちは日常的に怪談を語り、楽しんできた。それらは民間伝承として、または江戸時代に始まる百物語、怪談会としていまに残る。さらに昨今は、いわゆるネットロアなど、ネットを発祥とする話も流布している。

第1章「幽霊に萌える、怪異で遊ぶ」(伊藤龍平)は、怪異との戯れ方を、怖がりながら楽しむあり方、パロディーにして楽しむあり方の二つに分類したうえで、落語『お菊の皿』を例に挙げ、パロディーの視点から「怪異と遊び」について考察する。さらに伊藤の分析はお菊の萌え化から実話怪談の「型」の問題にまで射程を伸ばし、現代の怪談語りについて考えさせられる。

第2章「語り継がれる狸合戦——阿波における憑依と遊戯」(斎藤喬)が取り上げるのは、天保年間に発生した民間伝承、阿波の狸合戦である。『平成狸合戦ぽんぽこ』など、現代でも様々なサブカルチャーで参照されている阿波の狸合戦がどこで生まれ、どのように語られたのか。またこの物語を楽しむためには何が必要なのか、斎藤は問いかける。

第3章「怪談師の時代」(一柳廣孝)は、声の力で怪異を顕現させる怪談語りのプロ、怪談師を取り上げる。怪談語りを楽しむことは、体感的、かつ空想的な営為である。怪談師はそれぞれの時代のなかで、その時代に応じた怪異を語りによって表現する。本章では、幕末から明治にかけて活躍した怪談師の動向を追うとともに、現代の怪談語りとの違いから見えてくるものを探る。

第4章「「意味が分かると怖い話」とは何か——「似ている話」を探して、作って、読み換える、遊び」(永島大輝)は、ネットを起点に広く享受されるようになった、現代の怪談語りの一つである「意味が分かると怖い話」に注目する。人々はこの話をどのように受容し、楽しんでいるのか。その受容の様態を探ることは、現代のコミュニケーションのあり方を探る契機にもなるだろう。

第2部は「怪異を表現する」のパートである。怪異は多様なテクストのなかで、どう表象されてきたのか。そのなかで「遊び」という要素は、どのようにテクスト内で活用されているのだろうか。または、怪異という看板のもとに披露された現象が、どのような経路をたどってエンターテインメントへと形を変えるのか。この問題もまた、時代のなかで怪異という表象が受容されるプロセスを考えるうえで、外せない視点だろう。

第5章「分かたれた「己」で、遊ぶ――森鷗外「不思議な鏡」が映し出す分身譚の愉しみ」（構大樹）は、十九世紀以降の世界文学に頻出する分身譚に注目する。なぜ人は、分身に関心を寄せるのか。構は森鷗外「不思議な鏡」を例に、近代の個人観が生み出した「分身」への薄暗い愉しみの存在を指摘し、それが現代にまで続いていることを示していて興味深い。

第6章「大正、〈霊交術事件〉の夏――奇術としての心霊術」（今藤晃裕）は、一九二五年に来日して「霊交術」なる見世物で世間を騒がしたゼーゲル夫妻の足跡をたどる。今藤は、彼らのパフォーマンスが通俗的な興行へと移行し、娯楽として大衆に受け入れられたとする。やがて霊交術は奇術に吸収され、その命脈を保つのである。

第7章「透明人間現る――隠れる物語から露わにする物語まで」（橋本順光）は、その不可視性ゆえに社会を支配する権力者の比喩になり、また一方で見えないものとして扱われ、疎外される人々の比喩でもある透明人間について、「透明になる人間」の物語と「透明である人間」の物語の交錯のプロセスを、プラトン『国家』や『竜樹菩薩伝』を皮切りに、ピンク・レディーやPerfume、『ドラえもん』『闇金ウシジマくん』まで参照しながら、壮大なスケールで検討を進めている。

そして第3部「怪異を操る」。遊びは個人的な営みから始まり（一人遊び）、他者とのコミュニケーションの手段になり、やがて遊園地やお化け屋敷といった不特定多数を対象にした商業施設が生まれ、さらには公的な機関が乗り出して巨大なイベントを打つ。その意味では万国博覧会もオリンピックも、国家を巻き込んだワールドワイドな「遊び」と言えなくはない。ただし、個人から離れて集団が対象になれば「遊び」は巨大化し、イベントの運営に関する資金の問題が顕在化する。遊びの商業化である。

現代において、怪異はある程度の集客性や利益が期待できる重要なコンテンツの一つである。怪異は、人を集めることができる。怪異は、売れる。この視点から「怪異と遊び」の問題に切り込むことも可能だろう。

第8章「一九八〇年代の「こっくりさん」——降霊の恐怖を払拭する「キューピッドさん」の戦略」（大道晴香）は、一九七〇年代のオカルトブーム下において「制御できない神霊」の恐怖を内在していた「こっくりさん」が、八〇年代に「キューピッドさん」へ変容したことで何が変わり、何が継承されたかを検討する。ここで大きな役割を果たしたのが「マスメディアセクター」だったことは注目に値する。

第9章「怪異と「遊ぶ」装置——『トワイライトシンドローム』を手がかりに」（橋迫瑞穂）は、学校を舞台にしたホラーゲーム「トワイライトシンドローム」シリーズ二作を分析対象とする。ゲームならではの怪異表現の特徴を丁寧に考察するとともに、なぜ学校空間がしばしばホラーゲームの舞台に選ばれるのか、ヨハン・ホイジンガやロジェ・カイヨワを援用し、「遊び」の視点から考察を深めている。

第10章「怪異に学び戯れる人々——妖怪文化を育む虚構の共同体に着目して」（市川寛也）は、実施主体が行政なのか民間なのか、ベクトルが地域の内と外のどちらを向いているのか、といった切り口を示しながら、本章では地域の内側に向けられた実践に着目し、徳島県三好市山城町の取り組みを中心に紹介している。怪異で遊ぶことは、住民が地元を学び楽しむ「地元学」「地域学」につながるのである。

以上、各論考について紹介してきた。怪異が単なる恐怖の対象ではなく、多様な領域において娯楽として享受されてきたことがよくわかる。どうやら怪異は、私たちに必要なのだ。私たちが日常生活を営むうえで、怪異を召喚しないではいられない心性について、あらためて考える必要があるだろう。

さて巻末には、二〇二一年十一月六日、作家の川奈まり子氏をお招きしてオンラインでおこなった座談会の模様を所収した。実話怪談や小説の執筆のみならず、近年は怪談の語り手としてもご活躍中の川奈氏から、怪異を「書く」こと、および「語る」ことをめぐって、様々なお話をうかがった。各論考の考察と照らし合わせながら、お楽しみいただければ幸いである。

そして、毎度のことながら、青弓社の矢野未知生氏には、様々なご苦労をおかけした。記して感謝を申し上げます。

たち』（青弓社）など

市川寛也（いちかわ ひろや）
1987年、茨城県生まれ
群馬大学共同教育学部准教授
専攻は芸術学、教育学、地域文化資源論
共著に『進化する妖怪文化研究』（せりか書房）、『怪異を歩く』（青弓社）、論文に「ポストミュージアム概念に基づくアートプロジェクトの類型学」（「美術教育学」第42号）など

川奈まり子（かわな まりこ）
1967年、東京都生まれ
作家、日本推理作家協会会員
著書に『少年奇譚』『少女奇譚』『迷家奇譚』（いずれも晶文社）、『実話怪談でる場所』『出没地帯』（ともに河出書房新社）、『八王子怪談』『八王子怪談 逢魔ヶ刻編』『実話奇譚 蟲惑』『一〇八怪談 飛縁魔』（いずれも竹書房）、『東京をんな語り』（KADOKAWA）、『宵坂つくもの怪談帖』（二見書房）など多数

編著に *Ghastly Tales from the Yotsuya kaidan*（Chisokudō Publications）、共著に『〈江戸怪談を読む〉牡丹灯籠』（白澤社）、論文に「呪いの口伝え」（「研究所報」第29号）など

永島大輝（ながしま ひろき）
1989年、栃木県生まれ
公立中学校教員
専攻は民俗学、口承文芸研究
共著に『妖怪・憑依・擬人化の文化史』（笠間書院）、『列伝体 妖怪学前史』（勉誠出版）、論文に「異世界はエレベーターとともに。YouTuberの都市伝説」（「世間話研究」第27号）、「温泉消失伝説」（「昔話伝説研究」第37号）など

構 大樹（かまえ だいき）
1986年、兵庫県生まれ
清泉女学院中学高等学校教諭、法政大学通信教育部ほか兼任講師
専攻は日本近現代文学・文化、国語教育
著書に『宮沢賢治はなぜ教科書に掲載され続けるのか』（大修館書店）、共著に『絵本ものがたりFIND』（朝倉書店）、『怪異とは誰か』（青弓社）など

今藤晃裕（いまふじ あきひろ）
1990年、鹿児島県生まれ
日本女子大学附属高等学校教諭
専攻は日本近現代文学・文化
論文に「労働・承認・家族」（「学芸国語国文学」第51号）など

橋本順光（はしもと よりみつ）
1970年、京都府生まれ
大阪大学大学院文学研究科教授
専攻は日英比較文学
編著に『黄禍論史資料集成』全4巻（エディション・シナプス）、共編著に『欧州航路の文化誌』、共著に『怪異を魅せる』『オカルトの惑星』（いずれも青弓社）など

橋迫瑞穂（はしさこ みずほ）
1979年、大分県生まれ
立教大学社会学部ほか兼任講師
専攻は宗教社会学、文化社会学、ジェンダーとスピリチュアリティ
著書に『妊娠・出産をめぐるスピリチュアリティ』（集英社）、『占いをまとう少女

[監修者略歴]

怪異怪談研究会（かいいかいだんけんきゅうかい）

2012年に発足。近代に生じた文化規範の劇的な変化を意識しながら、江戸時代から近現代における怪異へのまなざし、怪談に集約された物語の内実を明らかにすることを目的とする。16年、研究会の中間的な成果報告としてシリーズ『怪異の時空』全3巻（青弓社）を刊行。18年、清水潤『鏡花と妖怪』（青弓社）を編纂。21年、『〈怪異〉とナショナリズム』（青弓社）を監修

[編著者略歴]

一柳廣孝（いちやなぎ ひろたか）

1959年、和歌山県生まれ
横浜国立大学教育学部教授
専攻は日本近現代文学・文化史
著書に『怪異の表象空間』（国書刊行会）、『無意識という物語』（名古屋大学出版会）、『〈こっくりさん〉と〈千里眼〉・増補版』『催眠術の日本近代』（ともに青弓社）など

大道晴香（おおみち はるか）

1985年、青森県生まれ
國學院大學神道文化学部助教
専攻は宗教学
著書に『「イタコ」の誕生』（弘文堂）、共編著に『怪異を歩く』（青弓社）、共著に『モノとメディアの人類学』（ナカニシヤ出版）、『〈怪異〉とナショナリズム』（青弓社）など

[著者略歴]

伊藤龍平（いとう りょうへい）

1972年、北海道生まれ
國學院大學文学部教授
専攻は伝承文学
著書に『江戸の俳諧説話』（翰林書房）、『ツチノコの民俗学』『何かが後をついてくる』（ともに青弓社）、『怪談おくのほそ道』（国書刊行会）、『ヌシ』（笠間書院）など

斎藤 喬（さいとう たかし）

1979年、新潟県生まれ
南山宗教文化研究所第一種研究所員
専攻は宗教学、表象文化論

怪異（かいい）と遊（あそ）ぶ

発行――2022年4月27日　第1刷
定価――2400円＋税
監修者―怪異怪談研究会
編著者―一柳廣孝／大道晴香
発行者―矢野恵二
発行所―株式会社青弓社
〒162-0801 東京都新宿区山吹町337
電話 03-3268-0381（代）
http://www.seikyusha.co.jp
印刷所―三松堂
製本所―三松堂

ISBN978-4-7872-9267-4　C0095